Rüdiger Kipke

# Die politischen Systeme
# Tschechiens und der Slowakei

Rüdiger Kipke

# Die politischen Systeme Tschechiens und der Slowakei

*Eine Einführung*

Westdeutscher Verlag

Die Deutsche Bibliothek – CIP-Einheitsaufnahme
Ein Titeldatensatz für diese Publikation ist bei
Der Deutschen Bibliothek erhältlich

1. Auflage August 2002

Der Westdeutsche Verlag ist ein Unternehmen der
Fachverlagsgruppe BertelsmannSpringer.
www.westdeutschervlg.de

Umschlaggestaltung: Horst Dieter Bürkle, Darmstadt
Gedruckt auf säurefreiem und chlorfrei gebleichtem Papier
ISBN-13: 978-3-531-13525-0     e-ISBN-13: 978-3-322-80380-1
DOI: 10.1007/978-3-322-80380-1

# Inhalt

**Tabellen**

**Grafiken**

# Vorwort

Nach dem Ende des Ost-West-Konflikts und vor der anstehenden Osterweiterung der Europäischen Union sind die Länder Mitteleuropas stärker
in das Bewusstsein der Menschen in Deutschland gerückt. Das politische,
wirtschaftliche, kulturelle und schließlich auch wissenschaftliche Interesse
an der ganzen Region ist in den letzten Jahren zweifellos gestiegen. Das
gilt in besonderer Weise für die beiden östlichen Nachbarn der Bundesrepublik, für Polen und Tschechien, mit denen uns historisch so viel verbin-
det.

Das vorliegende Buch befasst sich mit der Tschechischen Republik und
der Slowakischen Republik, den Nachfolgestaaten der Tschechoslowakischen Republik. Es will Grundkenntnisse über die politischen Systeme der
beiden Länder vermitteln. Ein solches Vorhaben impliziert vielfältige
Beschränkung: Allein der Charakter einer Einführung und die Komplexi-
tät des Gegenstandes erfordern großen „Mut zur Lücke".

Jede der beiden Republiken wird für sich behandelt, wobei Aufbau und
Inhalt der einzelnen Kapitel ein hohes Maß an Vergleichbarkeit gewährleisten sollen. Ausgehend von einem historischen Rückblick und einigen
theoretischen Anmerkungen zur Systemtransformation wird zunächst –
der klassischen Gewaltenteilung folgend – die jeweilige gesetzgebende,
vollziehende und rechtsprechende Gewalt erörtert. Daran schließt die Darstellung der Parteien und Interessenverbände an. Die subjektive Dimension des politischen Systems wird mit einem Blick auf einzelne Elemente
der politischen Kultur angesprochen. Im jeweiligen Kapitel zur Außenpolitik sind die wichtigsten Aspekte der Beziehungen zu anderen Staaten
zusammen gefasst. In diesen Zusammenhang gehören auch die Ausfüh-
rungen zur Minderheitenfrage, die für das Verhältnis zur EU Bedeutung
hat; in der Slowakei stellt sie darüber hinaus ein gewichtiges Problem der

Innenpolitik dar. Jeweils abschließend wird ein Blick auf die wirtschaftliche Entwicklung geworfen.

Die Fertigstellung des Bandes war nicht ohne Mithilfe anderer möglich. Dafür zu danken habe ich meiner Sekretärin, Frau Birgit Kölsch, für ihre gewissenhafte Schreibarbeit und meinem Mitarbeiter, Herrn Dirk Bender, der mit dem PC dem ganzen Werk Form und Gestalt gegeben hat. Schließlich gilt mein Dank meiner Partnerin Heide Milbert, die mit viel Geduld und Verständnis für manche abendliche Überstunde das Werden dieses Buches begleitet hat.

Rüdiger Kipke                                                                          Bonn, im Mai 2002

# 1 Historischer Abriss: Die Tschechoslowakei 1918 bis 1992

## 1.1 Vorbemerkung

Die beiden slawischen Nachbarvölker der Tschechen und Slowaken sind historisch ganz unterschiedliche Wege gegangen. Böhmen, Mähren und Teile Schlesiens waren 1620 zu Erblanden der Habsburger geworden; die „historischen Länder" gehörten schließlich als Teil der österreichischen Reichshälfte zur Österreichisch-Ungarischen Monarchie. Die Slowakei war dagegen seit dem 10. Jahrhundert, nach dem Untergang des Groß-mährischen Reiches, integraler Bestandteil des Königreichs Ungarn. Die Slowaken konnten dabei, trotz massiver Magyarisierungspolitik und Aus-wanderungsbewegung im 19. Jahrhundert, als Volk ihre Eigenständigkeit bewahren.

Mit dem Ende des Ersten Weltkrieges hatten Tschechen und Slowaken die unerwartete historische Chance ergriffen, einen gemeinsamen selbständi-gen Staat aus der Konkursmasse der österreichisch-ungarischen Monar-chie zu gründen. Ein entscheidender Schritt auf dem Wege war das Pitts-burgher Abkommen vom 30. Mai 1918, das von Vertretern tschechischer und slowakischer Organisationen in den USA zusammen mit Thomas G. Masaryk unterzeichnet wurde. Masaryk war der führende tschechische Politiker jener Zeit, der die politische Auslandsarbeit der Tschechen orga-nisiert und bei den westlichen Alliierten letztlich erfolgreich für eine sou-veräne tschechoslowakische Republik geworben hatte. Er ist als Grün-dungsvater der Tschechoslowakei in die Geschichte eingegangen.

## 1.2 Demokratische Republik der Zwischenkriegszeit

Am 28. Oktober 1918 beschloss der aus Vertretern der tschechischen Parteien gebildete Nationalausschuss in Prag die Errichtung eines selbständigen tschechoslowakischen Staates. Zwei Tage später erklärte ein aus Persönlichkeiten des politischen Lebens bestehender Slowakischer Nationalrat die Zugehörigkeit der Slowakei zu dem neuen souveränen Staat. Die etwa 3,3 Millionen Sudetendeutschen im Lande, immerhin die zweitgrößte Bevölkerungsgruppe nach den Tschechen, standen in diesem Prozess abseits. Sie strebten in ihrer großen Mehrheit, unter Berufung auf das proklamierte Selbstbestimmungsrecht der Völker, vergeblich eine Angliederung ihrer Siedlungsgebiete an Deutsch-Österreich an. Die Grenzen der Tschechoslowakei wurden im wesentlichen durch die Friedensverträge von Versailles (1919), Saint Germain (1919) und Trianon (1920) festgelegt.

Der Tschechoslowakismus wurde zur staatstragenden Doktrin. Souverän war das „Tschechoslowakische Volk"; die Deutschen zählten zu den übrigen Nationalitäten im Lande. Die Vorstellung von einer einheitlichen Nation der Tschechen und Slowaken war zweifellos eine Fiktion. Allein schon die nachhaltigen Forderungen von slowakischer Seite nach nationaler Autonomie innerhalb des Gesamtstaates mit eigener Amtssprache machten das hinreichend deutlich. Die Frage der staatsrechtlichen Stellung der Slowakei sollte sich bis zum Ende des gemeinsamen Staates als ein beständiger innenpolitischer Konfliktpunkt erweisen, der nie einer befriedigenden und dauerhaften Lösung zugeführt werden konnte.

Die Erste Tschechoslowakische Republik (1918-1938) war ein demokratischer Staat mit einem parlamentarischen Regierungssystem. Die Verfassung von 1920 basierte vornehmlich auf französischem Vorbild. Sie sah einen zentralistischen Staatsaufbau vor. Lediglich die Karpatho-Ukraine ganz im Osten, die der Tschechoslowakei zugeschlagen worden war, sollte eine begrenzte Autonomie erhalten, die jedoch faktisch nicht verwirklicht wurde.

Das Parlament bestand aus zwei Kammern, die beide in allgemeiner und direkter Wahl gewählt wurden. Das Abgeordnetenhaus hatte gegenüber dem Senat die politisch stärkere Position. Beide Kammern des Parlaments wählten das Staatsoberhaupt, den Präsidenten der Republik. Die Mitglieder der Regierung wurden nicht gewählt, sondern vom Präsidenten (unter Berücksichtigung der parlamentarischen Mehrheiten) ernannt. Die Regierung war dem Abgeordnetenhaus politisch verantwortlich und von dessen Vertrauen abhängig (vgl. dazu Weyr 1922: 355ff.). Soziale und regionale Differenzierung sowie die Multinationalität der Gesellschaft führten zu einem stark zersplitterten Parteiensystem. Keine der Parteien hat sich zur dominierenden politischen Kraft entwickeln können, und die Regierungen waren stets – außer sog. Beamtenkabinetten als Ausnahmefall – Koalitionsregierungen.

Die Anfangsjahre der neuen souveränen Republik gestalteten sich schwierig. Eine schlechte Wirtschaftslage, Arbeitskämpfe und Unruhen belasteten das Land, und die heftigen Konflikte zwischen den politischen Parteien entluden sich in Krawallen im Parlament. Der wirtschaftliche Aufschwung zum Ende der 20er Jahre trug zur Konsolidierung der politischen Lage bei, war aber nur von kurzer Dauer. Die folgende Weltwirtschaftkrise ab 1929 traf das Land hart; in den hochindustrialisierten Regionen von Böhmen, Mähren und Schlesien herrschte hohe Arbeitslosigkeit. Die Politik zeigte sich nicht in der Lage, mit weitreichenden Maßnahmen der ökonomischen Krise entgegen zu treten. Sie konnte ebenso wenig den nationalen Spannungen Einhalt gebieten, die Gefahr für den innenpolitischen Frieden bedeuteten. Die demokratische Tschechoslowakei hat es nicht vermocht, die Forderungen der Nationalitäten im Lande – Deutsche, Ungarn, Polen und Ruthenen – wie auch der slowakischen Autonomisten zu erfüllen oder mit ihnen zu tragfähigen Kompromissen zu kommen.

Die tschechoslowakische Außenpolitik war von Anbeginn auf die Konsolidierung der neuen Verhältnisse ausgerichtet. Dieses sollte vor allem durch eine umfassende Bündnispolitik und durch den Aufbau gutnachbarlicher Beziehungen erreicht werden. Das Defensiv-Bündnis mit Jugoslawien vom Jahre 1920, dem ein Jahr später auch Rumänien beitrat, diente der Abwehr des ungarischen Revisionismus und sollte eine Restauration des Hauses Habsburg verhindern. Mit Österreich wurde schon 1921 eine gegenseitig wohlwollende Neutralität vereinbart, während sich die Beziehungen zum Deutschen Reich erst mit der Unterzeichnung des Locarno-Vertrages im Jahre 1925 verbesserten. Zum wichtigsten Verbündeten des Landes wurde Frankreich. Ausdruck dessen war der Bündnisvertrag von 1924, mit dem die militärische, diplomatische und wirtschaftliche Zusammenarbeit beider Staaten vereinbart wurde. Er enthielt auch die wechselseitige Verpflichtung zu militärischem Beistand im Falle einer konkreten Bedrohung durch Deutschland. Das Sicherheitsbündnis zwischen der Tschechoslowakei und der Sowjetunion von 1935 war eine Reaktion auf die veränderte Lage, die mit der Machtergreifung der Nationalsozialisten in Deutschland entstanden war.

Entscheidende Bedeutung für das Schicksal der Tschechoslowakei sollte die Sudetendeutsche Frage erlangen, die in den dreißiger Jahren zunehmend die Beziehungen zu Deutschland belastete und schließlich zu einem Problem der internationalen Politik wurde. Spätestens nach Ablauf des Jahres 1937 hatte die Sudetendeutsche Partei in der Tschechoslowakei unter Führung von Konrad Henlein eine Politik betrieben, die – ganz im Fahrwasser von Adolf Hitler – nicht mehr auf eine Verständigung in der Nationalitätenfrage innerhalb der Republik, sondern auf die Zugehörigkeit der sudetendeutschen Siedlungsgebiete zum nationalsozialistischen Deutschland ausgerichtet war (vgl. Hönsch 1992:76; Seibt 1993: 332ff.).

## 1.3 Münchener Abkommen und die Folgen

Hitler konnte die Zustimmung der britischen und der französischen Regierung zur Abtretung dieser Gebiete erreichen, was ihm durch das Münchener Abkommen vom 30. September 1938 (Signatarmächte: Deutschland, Frankreich, Großbritannien und Italien) nur noch bestätigt wurde. Die europäischen Großmächte hatten über die Tschechoslowakei entschieden, ohne den betroffenen Staat selbst an der Entscheidung zu beteiligen. Rund ein Drittel der Bevölkerung und wesentliche Teile des wirtschaftlichen Potentials waren verloren gegangen. Hitler hatte die sudetendeutsche Frage jedoch nur als Vehikel für seine Aggressionspolitik benutzt. Ihre Lösung war für ihn nur eine Etappe auf dem Weg zu seinem strategischen Ziel, die Tschechoslowakei ganz zu zerschlagen. Am 15. März 1939 besetzten deutsche Truppen die „Rest-Tschechei", während die Slowakei ein selbständiger Staat in Abhängigkeit vom nationalsozialistischen Deutschland wurde.[1] Das „Protektorat Böhmen und Mähren" wurde in das Reichsgebiet eingegliedert und konnte keinerlei politische Eigenständigkeit bewahren. Das so sorgfältig geknüpfte Netz von Sicherheitspakten hatte nicht verhindern können, dass die demokratische Tschechoslowakei – von Diktaturen eingekreist – ganz liquidiert wurde.

Tschechoslowakische Truppen nahmen an den Kampfhandlungen des 2. Weltkriegs an der Seite der Kriegsalliierten im Westen und im Osten teil. Exilpolitiker bildeten in London eine Exilregierung unter der Führung des früheren Staatspräsidenten Edvard Beneš; im Juli 1941 wurde sie als provisorische Tschechoslowakische Regierung von der Sowjetunion, Großbritannien und den USA anerkannt. Anfang April 1945 kam es im ostslowakischen Košice zur Bildung der ersten tschechoslowakischen Nachkriegsregierung. Ihre programmatischen Ziele, die sie und die Folgeregierungen umsetzten, führten in eine andere Republik als die der Zwischenkriegszeit. Die rechtsorientierten Parteien der ersten Republik wurden nicht mehr zugelassen. Die verbliebenen Parteien, vier tschechische und zwei slowakische, wurden in der „Nationalen Front" zusammen gefasst. Der Slowakei wurde ein autonomer Status innerhalb des Gesamtstaates zugesagt. Die Vertreibung der deutschen Bevölkerung setzte unmittelbar nach Kriegsende ein und verlief ab Januar 1946 weitgehend in organisierten Aussiedlungsaktionen (vgl. Slapnicka 1970: 319ff.). Eine enge Kooperation mit der Sowjetunion sollte die bisherige West-Orientierung der Außenpolitik, wenn nicht ersetzen, so doch deutlich relativieren. Angesichts der Katastrophe von München und der machtpolitischen Veränderungen in Europa sah die politische Führung darin eher eine Gewähr für die vitalen Interessen der Republik. Die Übernahme des kommunistischen Gesellschaftsmodells war für den alten und neuen Staatspräsidenten Beneš und seine Gefolgsleute damit freilich nicht intendiert. Die Wahlen zur

---

[1]Die Karpatho-Ukraine erklärte am 14.03.1939 ihre Unabhängigkeit, fiel jedoch wenige Tage später an Ungarn. Mit Vertrag vom 29.06.1945 hat die Tschechoslowakei das Gebiet dann an die Sowjetunion abgetreten.

Verfassungsgebenden Nationalversammlung im Mai 1946 bestätigten, dass sich das Land verändert hatte: Die Kommunistische Partei stieg zur landesweit stärksten Partei auf und errang 114 der 300 Mandate.

Die seit Juli 1946 amtierende Koalitionsregierung, erstmals mit einem kommunistischen Ministerpräsidenten, hat trotz ständiger Spannungen konstruktive Arbeit leisten können, bevor es im Februar 1948 zu einer schweren Regierungskrise kam, die zu einer Staatskrise werden sollte. Im Konflikt mit dem (kommunistischen) Innenminister hatten zwölf (nicht kommunistische) Regierungsmitglieder ihren Rücktritt eingereicht. Ihr politisches Ziel war es, auf diese Weise die Demission des ganzen Kabinetts zu erreichen und schließlich zur Regierungsneubildung zu kommen. Unter dem Druck von Massendemonstrationen, Streiks, bewaffneten Arbeitermilizen auf der Straße und drohenden bürgerkriegsähnlichen Zuständen akzeptierte Beneš die Rücktrittsgesuche und stimmte der Neubesetzung der vakanten Ministerposten zu. Die Kommunistische Partei übernahm auf diese Weise die Regierungsgewalt, an der sie aus anderen Parteien nur ihr genehme Vertreter auf unbedeutenden Positionen teilhaben ließ. Die Ereignisse wurden begleitet von Säuberungsaktionen in Behörden und Betrieben, die sich gegen politische Gegner der Entwicklung richteten und unmittelbar nach dem Umsturz in breitem Umfang fortgesetzt wurden. (vgl. Slapnicka 1970: 325ff.). Die Ausgangsbasis für die völlige Umgestaltung von Staat und Gesellschaft nach den Vorstellungen der neuen Führung war damit geschaffen.

## 1.4 Sozialistischer Staat im sowjetischen Machtbereich

Noch im April 1948 wurde die Verstaatlichung der größeren Unternehmen beschlossen, wovon rund 90% der gesamten Produktion betroffen waren. Die Parlamentswahlen Ende Mai 1948 erfolgten bereits auf der Grundlage von Einheitslisten, durch die vorab die Sitzverteilung festgelegt und den Kommunisten die große Mehrheit der Mandate gesichert, der Rest auf einige politisch gleichgeschaltete Parteien verteilt wurde. Wenige Wochen zuvor war eine neue Verfassung verabschiedet worden. Sie sah ein parlamentarisches Regierungssystem und – nunmehr ausgehend von der Existenz „zweier Brudernationen", der Tschechen und Slowaken – für die Slowakei gewisse Autonomierechte vor. Die verfassungsmäßige Ordnung einschließlich ihrer dem Prinzip der Gewaltenteilung folgenden Kompetenzzuweisungen auf horizontaler und vertikaler Ebene wurde schnell bedeutungslos. Der Führungsanspruch der Kommunistischen Partei im volksdemokratischen Staat mit ihrer allgegenwärtigen Entscheidungsmacht überlagerte alles.

Sie nutzte ihre Macht und etablierte in der Tschechoslowakei ein stalinistisches Regime. Eine Welle politischer Verfolgungen ging über das Land. Priester und Bischöfe, slowakische Nationalisten, der „Konterrevolution" verdächtigte Kommunisten, Intellektuelle und andere wurden verhaftet. Den Höhepunkt bildeten die Schauprozesse vom November 1952, in denen vormals führende Vertreter der Partei zum Tode verurteilt und anschließend hingerichtet wurden.[2] Die Sozialisierung der Wirtschaft schritt voran; bis Ende 1961 war auch die Kollektivierung der Landwirtschaft abgeschlossen. In der Außenpolitik orientierte sich die Partei vorbehaltlos am sowjetischen Kurs. Die traditionellen Handelsbeziehungen mit dem Westen wurden fast vollständig aufgegeben zugunsten des Handels mit der Sowjetunion und den anderen Volksdemokratien. Die Entstalinisierung in den sozialistischen Ländern, die nach dem 20. Parteitag der KPdSU im Jahre 1956 einsetzte, stellte in der Tschechoslowakei einen langwierigen Prozess dar. Bezeichnenderweise wurde das riesige Stalin-Monument in Prag erst 1962 abgebaut.

Im Juli 1960 trat eine neue Verfassung in Kraft, die die bestehenden politischen und ökonomischen Verhältnisse reflektieren und Grundlage der weiteren gesellschaftlichen Entwicklung nach dem vollzogenen Aufbau des Sozialismus sein sollte: Die führende Rolle der Kommunistischen Partei als „Vorhut der Arbeiterklasse" wurde festgeschrieben. Die Verfassungsgarantie für Kleinunternehmen entfiel. Die Gewaltenteilung wurde auch formal aufgegeben und die slowakische Autonomie, politisch ohnehin bedeutungslos geblieben, beschränkt.

---

[2] Zu den Hingerichteten gehörte der frühere Generalsekretär der KP Slánský, der zur Symbolfigur der Schauprozesse wurde. Er hatte großen Anteil an Polizeiterror und Justizwillkür im Lande, bevor er selbst deren Opfer wurde. Slánský ist im Jahre 1963 rehabilitiert worden.

Der Rückzug des Stalinismus machte eine vorsichtige innenpolitische Liberalisierung möglich; vor allem kritische Intellektuelle ergriffen die bescheidenen Chancen, sich öffentlich mit dem Marxismus-Leninismus und der politischen Praxis der Kommunistischen Partei auseinander zu setzen. Zu einem schwerwiegenden Problem entwickelte sich die Wirtschaftslage. In den sechziger Jahren trat in der Tschechoslowakei, wie in den anderen sozialistischen Ländern auch, eine deutliche Verlangsamung des Wirtschaftswachstums ein. Die Vorgaben des Wirtschaftsplans konnten nicht mehr erfüllt werden, das bisherige direktiv-zentralistische Planungssystem versagte. Eine Reformpolitik wurde auf den Weg gebracht, die bescheidene marktwirtschaftliche Elemente enthielt. Die ökonomische Situation blieb dennoch schwierig; Mitte des Jahrzehnts befand sich die tschechoslowakische Gesellschaft in einer allgemeinen Entwicklungskrise. Die Unzufriedenheit griff allmählich auf breitere Bevölkerungsschichten über. Slowakische Forderungen nach einer Föderalisierung der Republik, die zu einer wirklichen Dezentralisierung politischer Macht führen sollte, erhöhten noch die politische Spannung. Die parteiinternen Auseinandersetzungen nahmen zu und führten schließlich zum Rückzug des langjährigen KP-Vorsitzenden Antonín Novotný, der ohne die Rückendeckung der sowjetischen Genossen seinen Kritikern nicht länger Stand halten konnte. Als sein Nachfolger wurde am 5. Januar 1968 der Slowake Alexander Dubček zum Ersten Sekretär des Zentralkomitees der Kommunistischen Partei der Tschechoslowakei (KPČ) gewählt. Damit übernahm ein Funktionär die politische Führung, der zu einer grundlegenden Reform des ganzen politischen Systems bereit war (vgl. dazu Hönsch 1992: 160ff.).

Die innerparteilichen Konflikte in der KP-Führung wurden damit keineswegs bereinigt. Die anhaltenden Kontroversen waren teilweise sehr grundsätzlicher Natur, so dass schon Anfang des Jahres 1968 auf sowjetischer Seite die Gefahr einer innerparteilichen „Konterrevolution" in der Tschechoslowakei und einer Wiederholung der Ereignisse von 1956 in Ungarn gesehen wurde (vgl. Pauer 1995: 35ff.). Auf einem Gipfeltreffen

der Parteiführungen der sozialistischen Länder – bereits ohne Rumänien[3]
– Ende März 1968 in Dresden wurde dann die erste umfassende Kritik am
Kurs von Dubček und an der ganzen politischen Situation in der Tsche-
choslowakei laut.

Ungeachtet dessen präsentierte die KPČ als Ergebnis ihrer parteiinternen
Debatte wenige Tage später, Anfang April 1968, ein Aktionsprogramm,
mit dem sie grundlegende Elemente der bisherigen politischen Praxis
infrage stellte. Darin wird eine Deformation des politischen Systems kon-
statiert, die auch für die Fehler und Mängel der Wirtschaftspolitik verantwortlich sei. Das Dokument spricht sich deutlich für die konsequente
Durchsetzung demokratischer Grundsätze sowie politischer und persönli-
cher Rechte der Bürgerinnen und Bürger aus. Binnen kurzer Frist sollten
danach allgemeine Grundrechte wie Freizügigkeit, Versammlungs- und
Koalitionsfreiheit sowie Pressefreiheit einschließlich des breiten Zugangs
zu ausländischen Printmedien gewährleistet werden. Darüber hinaus wurde als staatsrechtliches Ziel die Umgestaltung der Republik in eine Föderation, bestehend aus dem tschechischen und dem slowakischen Landesteil als zwei gleichberechtigten Gliedstaaten, festgeschrieben (vgl.
Haefs 1969: 70ff.). Das Programm und manche Personalentscheidungen,
durch die erklärte Reformer in der politischen Hierarchie aufstiegen,
zeigten eindrucksvoll, dass die tschechoslowakische Führung nicht gewillt
war, sich durch die Kritik der anderen Kommunistischen Parteien an ihrem Kurs die Souveränität der Entscheidung nehmen zu lassen.

Es gab in der Folgezeit zahlreiche Treffen auf höchster politischer Ebene
– bilaterale zwischen Vertretern der tschechoslowakischen und der sowjetischen KP sowie multilaterale unter Beteiligung der anderen „Bruderländer" –, die Ausdruck der politischen Spannungen zwischen der Tschechoslowakei und den beteiligten Verbündeten waren. Dabei konnten die politischen und ideologischen Konflikte nicht bereinigt werden, vielmehr
führte die weitere Entwicklung zu einer Verschärfung der Kontroverse.

---

[3] Rumänien hatte seit Mitte der sechziger Jahre einen eigenen außenpolitischen Kurs verfolgt und sich
damit in Widerspruch zum Führungsanspruch der Sowjetunion gesetzt. Zu den rumänischen Grundsätzen in der Außenpolitik gehörte die „Öffnung nach allen Seiten" ohne politisch-ideologische Vorgaben und die Nichteinmischung in die inneren Angelegenheiten souveräner Staaten.

Viel Aufmerksamkeit erhielt ein in Prag veröffentlichtes „Manifest der 2000 Worte", unterzeichnet von Tausenden Bürgerinnen und Bürgern des Landes, das sich entschieden für den eingeleiteten Demokratisierungsprozess aussprach. Die Gründung neuer politischer Gruppierungen, Parteien und Verbände zeugte ebenso wie die Abschaffung der Pressezensur von einer tatsächlichen Pluralisierung und Demokratisierung des öffentlichen Lebens. Die Spannungen trieben einem Höhepunkt zu, als es Ende Juli 1968 zu einer Begegnung der tschechoslowakischen Parteiführung mit der sowjetischen und wenige Tage später zu einer Konferenz mit den Parteichefs aller fünf Länder der „Ablehnungsfront" kam. Das Abschlusskommuniqué des mehrseitigen Treffens hatte kaum konkreten Gehalt, setzte dem tschechoslowakischen Reformprozess dennoch ebenso klare wie restriktive Grenzen: Die Entwicklung des Sozialismus auf der Basis des Marxismus-Leninismus und nach sowjetischem Vorbild bleibt ohne Alternative. Die Erklärung erhob es zur gemeinsamen internationalen Pflicht, die sozialistischen Errungenschaften zu schützen. Militärische Manöver der Warschauer-Pakt-Staaten an den und innerhalb der Grenzen der Tschechoslowakei sollten der Prager Führung den Ernst der Lage vor Augen führen. Die ließ sich jedoch nicht einschüchtern und suchte stattdessen Unterstützung für ihren politischen Kurs bei anderen sozialistischen Ländern Europas, von denen sie Solidarität erwarten konnte.

Zunächst besuchte der Präsident des paktungebundenen Jugoslawien, Josip Broz Tito, die Tschechoslowakei, dann folgte noch Mitte August der rumänische Parteichef Nicolae Ceauşescu. Am 17. August traf sich Dubček mit dem ungarischen KP-Chef János Kádár, der einen letzten, erfolglosen Versuch machte, seinen Gesprächspartner zu einer politischen Wende zu bewegen. Nun sah sich die „Fünfer-Koalition" zum Handeln gezwungen. Der unmittelbar bevorstehende Parteitag der KPČ ließ weitere personelle Veränderungen zugunsten der Reformer erwarten. Man befürchtete ein Herausbrechen der Tschechoslowakei aus der sozialistischen Staatengemeinschaft und ein Übergreifen der Reformbewegung auf die sozialistischen Nachbarn DDR, Polen und Ungarn. Dem galt es auch um den Preis eines hohen politischen und ideologischen Schadens entgegen zu treten. Noch am selben Tag fiel im Politbüro der sowjetischen KP der

Beschluss, die Reformpolitik in der Tschechoslowakei durch eine militärische Invasion des Landes zu beenden.

In den späten Abendstunden des 20. August 1968 begann die Okkupation. Rund 300.000 Soldaten – vor allem sowjetische Truppen, dazu Einheiten aus Bulgarien, der DDR,[4] Polen und Ungarn – besetzten binnen kürzester Zeit das ganze Land. In einer sowjetischen Erklärung hieß es, die Intervention sei aufgrund eines Hilfeersuchens von Partei- und Staatsfunktionären der Tschechoslowakei erfolgt; ein entsprechendes Dokument wurde jedoch nicht veröffentlicht (vgl. dazu Pauer 1995: 259). Ausgehend von der These, dass die historischen Prozesse in den sozialistischen Ländern unumkehrbar seien, wurde die Intervention völkerrechtlich als eine Maßnahme zum Schutz des Sozialismus legitimiert.[5]

Während die tschechoslowakische Armee Befehl hatte, sich den Ereignissen nicht zu widersetzen, leisteten weite Teile der Zivilbevölkerung passiven Widerstand, wo sie konnten, und begegneten den Okkupanten mit offener Feindseligkeit. Der Versuch einer konservativen Gruppe in der KPČ scheiterte, eine neue, kollaborationsbereite Regierung zu bilden. Diese Entwicklung konnte nicht den Erwartungen der sowjetischen Führung entsprechen. Sie lud wenige Tage nach dem Einmarsch den tschechoslowakischen Staatspräsidenten Ludvík Svoboda nach Moskau ein, der im 2. Weltkrieg auf sowjetischer Seite gekämpft hatte und ihr Vertrauen genoss. Svoboda machte zur Bedingung von Verhandlungen, dass die inzwischen verhafteten Reformer um Dubček daran beteiligt werden. Im Ergebnis dieser Gespräche wurde die tschechoslowakische Seite verpflichtet, nahezu alle politischen Reformen rückgängig zu machen. Sukzessive mussten die Reformer ihre Positionen in Partei und Staat räumen. Dubček wurde im April 1969 als 1. Sekretär der KPČ durch Gustáv Husák abgelöst, der den „Normalisierungsprozess" im Sinne der sowjetischen Vorstellungen entschieden anging. Der neue Mann stand fast zwanzig

---

[4] Die Nationale Volksarmee der DDR war nicht mit regulären Verbänden sondern nur mit Verbindungsoffizieren und auf logistischer Ebene beteiligt. Für ihre zurückhaltende Beteiligung an der Aktion gibt es unterschiedliche Begründungen (vgl. Pauer 1995: 228f.).
[5] Im Westen wurde dieser Legitimationsversuch als „Brežnev-Doktrin" bezeichnet, benannt nach dem damaligen sowjetischen KP-Chef Brežnev.

Jahre lang an der Spitze der Partei, ohne über eine breite Basis von Unterstützern in ihren Reihen zu verfügen. Offenkundig genoss er die Unterstützung der Moskauer Genossen.

Die fortdauernde Präsenz sowjetischer Soldaten, nunmehr gestützt auf ein Stationierungsabkommen, ließ keinen Zweifel an der Entschlossenheit der Moskauer Führung, die gewünschte Entwicklung notfalls zu erzwingen. Von den ursprünglichen Reformzielen konnte lediglich die Föderalisierung des Landes weiter vorangetrieben und schließlich staatsrechtlich verankert werden. Zum 1. Januar 1969 wurden zwei föderale Teilstaaten innerhalb des tschechoslowakischen Gesamtstaates gebildet – die Tschechische Sozialistische Republik und die Slowakische Sozialistische Republik –, die über eigenständige Organe der Legislative, Exekutive und Judikative verfügten. Politisch blieb die Neuordnung belanglos, weil mit der Restauration des alten, poststalinistischen Systems im Zuge der „Normalisierung" jegliche Form von Gewaltenteilung und politischer Autonomie am Machtanspruch der zentralen Parteiinstanzen scheitern musste. Symptomatisch für die rein formale Natur des Föderalismus war die parlamentarische Praxis beider Teilrepubliken, wortgleiche Gesetze zu erlassen. Die slowakische Seite erfuhr allerdings insofern eine Besserstellung, als nunmehr bei der Besetzung von Führungspositionen auf gesamtstaatlicher Ebene nach dem Grundsatz der Parität von Tschechen und Slowaken zu verfahren war.

Ab Herbst 1969 kam es zu einer eindeutigen Verschärfung der innenpolitischen Entwicklung. Die breit angelegte gesellschaftliche Disziplinierung machte auch vor den eigenen Reihen nicht halt; in einer als „Umtausch der Parteibücher" deklarierten Aktion erhielten nur noch solche Parteimitglieder neue Papiere, die nicht in Verdacht standen, Anhänger des „Prager Frühlings" zu sein und damit der neuen politischen Linie im Wege zu stehen. Politische Strafprozesse und Entlassungen, die manche qualifizierte Fachkraft in die Arbeitslosigkeit oder zur Übernahme von Hilfsarbeiten zwang, trugen erheblich zu einem gesellschaftlichen Klima bei, in dem jede öffentliche Regung von politischer Opposition unmöglich wurde. Die Ruhe des schweigenden Konformismus und der politischen Indifferenz der Bürgerinnen und Bürger waren kennzeichnend für den Alltag.

Mit bescheidenem Wohlstand führten die Menschen ihr Leben im Priva-
ten. Die Partei mischte sich in diese Sphäre nicht ein; sie allein be-
herrschte dagegen Politik und Öffentlichkeit. Zwischen Regierten und
Regierenden schien insoweit ein stilles Einvernehmen zu bestehen (vgl.
Schwarz 1993: 200). Die Reformbewegung von 1968 und ihr gewaltsames
Ende erhielten schon bald in öffentlichen Verlautbarungen eine neue
Deutung. Am vierten Jahrestag der Invasion wurde diese erstmals als Aktion „brüderlicher Hilfe" zum Schutz des Sozialismus vor den Kräften der
„Konterrevolution" bezeichnet (vgl. Hönsch 1992: 182). Die innenpolitische Entwicklung ließ nun Raum für eine gewisse Lockerung des harten
Konsolidierungskurses, an der dem ganzen sozialistischen Lager angesichts des europäischen Entspannungsprozesses und der im August 1975
anstehenden Unterzeichnung der KSZE-Schlussakte in Helsinki gelegen
war. Tausende von Menschen hatten inzwischen der Republik den Rücken
gekehrt und waren in den Westen emigriert.

Das Verhältnis der Partei zur intellektuellen Opposition blieb problematisch. Die Führung der KPČ, durch einen dauerhaften Konflikt zwischen
ihrem orthodoxen und ihrem pragmatischen Flügel in ihrer Handlungsfähigkeit beeinträchtigt, konnte sich ihr gegenüber nicht zu einer klaren
Linie durchringen; die Intellektuellen wurden heute umworben und mor-
gen bekämpft. Begünstigt durch die internationale Lage, die Entspan-
nungspolitik zwischen den Blöcken, konnte sich die Opposition neu orga-
nisieren. Im Januar 1977 wurde in Prag die Charta 77 als eine informelle
Gemeinschaft von Menschen unterschiedlicher Überzeugungen und sozialer Herkunft gegründet, die mit den Regierenden in einen „konstrukti-
ven Dialog" eintreten wollte, wie die in der Verfassung verbrieften Rechte
der Bürgerinnen und Bürger besser durchgesetzt werden können. Die
Charta bezog sich dabei auch auf die in der Helsinkier-Schlußakte der
KSZE garantierten Menschen- und Freiheitsrechte. Zu den Erstunter-
zeichnern des Dokuments gehörten Reformpolitiker des „Prager Frühlings", namhafte Intellektuelle ebenso wie einfache Arbeiter. Die politische Führung reagierte mit scharfen öffentlichen Angriffen gegen die
Chartisten und kriminalisierte sie, ohne auf diese Weise das weitere An-
wachsen der Gruppe verhindern zu können, die vorwiegend in der Hauptstadt vertreten war, aber auch bis in die Slowakei Resonanz gefunden

hatte (vgl. Vodička 1996: 42ff.). Die internationale Wahrnehmung behördlicher Schikanen blieb nicht ohne außenpolitischen Schaden für die Tschechoslowakei und darüber hinaus das ganze sozialistische Lager. Das wird die Hardliner in Prag gehindert haben, noch stärker mit den Machtmitteln des Staates gegen die Unterzeichner der Charta vorzugehen. Andererseits stand man den sowjetischen Genossen gegenüber, die alle Rückschläge im „Normalisierungsprozess" mit hoher Sensibilität verfolgten, in der Pflicht, jede Regung politischer Opposition zu bekämpfen.

Um in der Block- und Außenpolitik keinen Argwohn in Moskau aufkommen zu lassen, fügte sich die KPČ ganz den Interessen der Sowjetunion. Eilfertig machte sich Husák gegenüber den verbündeten Volksdemokratien für die strikte Durchsetzung der Prinzipien des Marxismus-Leninismus stark und kritisierte sozialistische Länder wie Rumänien und Jugoslawien, die den Führungsanspruch Moskaus ablehnten. Die sowjetische Militärintervention in Afghanistan im Dezember 1979 fand seine uneingeschränkte Zustimmung. Für die Bundesrepublik Deutschland war es im Zuge ihrer neuen Ostpolitik nach 1969 nicht nur wegen der Belastungen der Vergangenheit ein schwieriges Unternehmen, mit der Tschechoslowakei zu einem Vertrag über die gegenseitigen Beziehungen zu kommen, der schließlich im Juli 1974 in Kraft treten konnte. Ein gravierendes Problem stellte dabei der anhaltende Widerstand Prags gegen die Vertretung West-Berlins durch die Bundesrepublik im Kontext dieses Vertrages dar; die tschechoslowakische Seite hatte sich hier als hartnäckiger Anwalt der Position des Warschauer Paktes erwiesen. Eine besondere Rolle kam der ČSSR in der Politik gegenüber den Entwicklungsländern zu. Sie leistete einen vergleichsweise hohen Anteil der von den europäischen Volksdemokratien erbrachten materiellen Hilfen und entwickelte sich zu einem bedeutenden Standort für die Ausbildung von Studierenden aus der Dritten Welt.

Die Wirtschaftspolitik unter Führung Husáks war bemüht, die ökonomischen Planvorgaben mit aller Kraft zu erfüllen, um damit auch Versorgung und Konsum der Bevölkerung auf ein befriedigendes Niveau zu bringen. Ein zufriedenstellender Lebensstandard konnte hilfreich sein, verloren gegangenes Vertrauen in die Politik zurück zu gewinnen. Die

Tschechoslowakei stand jedoch – wie die anderen Volksdemokratien auch
– vor sich verschärfenden Schwierigkeiten hinsichtlich ihrer wirtschaftlichen Leistungskraft und bei der Versorgung der Bevölkerung. Eine veral-
tende Ausrüstung der Industrie, mangelnde Arbeitsproduktivität und hoher
Ressourcenverbrauch waren allgemein kennzeichnend für die Lage. Vor
dem Hintergrund eines sinkenden Nationaleinkommens war Anfang der
achtziger Jahre das Eingeständnis unabwendbar, dass sich die ČSSR in
einer schweren ökonomischen Krise befand. Problemlösungen waren ohne
eine tiefgreifenden Wandel nicht zu erwarten. Erst gegen Ende des Jahrzehnts wurde in Anlehnung an die Perestrojka Gorbačovs in der Sowjetunion eine „přestavba" (Umbau) zum Programm erhoben, die sich zu
grundlegenden Veränderungen in Wirtschaft und Politik der Tschechoslowakei bekannte (vgl. Hönsch 1992: 204). Aber die Zeit möglicher Reformen war verstrichen. Der Politik fehlte es an Durchsetzungskraft, und
die Akteure hatten ihre Glaubwürdigkeit in weiten Teilen der Bevölkerung lange verloren. In Polen stellten oppositionelle Kräfte, in Ungarn gar
Persönlichkeiten aus den Reihen der regierenden Kommunisten das System in Frage, und selbst in Moskau schien die Führung zu einer politischen Wende entschlossen. Das Ende des Sozialismus und seines politischen Systems in der ČSSR war nun unausweichlich. Die Vorboten des
nahenden Zusammenbruchs zeigten sich um die Jahreswende 1988/89 auf
der Straße.

## 1.5  Die Opposition erzwingt die Wende

In der Tschechoslowakei gab es bis zum Jahre 1986 eine organisierte politische Opposition in Gestalt der Charta 77 und des Ausschusses zur
Verteidigung zu Unrecht Verfolgter (VONS), der mit der Charta personell
eng verflochten war. Beide wirkten fast ausschließlich in der Hauptstadt
Prag. Die ersten Gruppierungen außerhalb dieses Umfeldes entstanden
1987. Aber auch unabhängig von dieser – mehr oder minder locker – organisierten Opposition manifestierte sich politische Unzufriedenheit in
vielfältiger Form. Zu einem bemerkenswerten öffentlichen Votum der
katholischen Kirche im Lande geriet die Petition für Religionsfreiheit, die
bis zum Jahreswechsel 1987/88 von vielen Tausend Menschen unter-

schrieben worden sein soll. Die Forderungen der Petenten wurden im März 1988 von Kardinal František Tomášek bei einer nicht-offiziellen Kundgebung, der sog. Kerzendemonstration im slowakischen Bratislava, an der mehrere Tausend Menschen teilnahmen, unterstützt (vgl. Renner/Samson 1993: 187ff.).

Im Jahre 1988 und mehr noch in den ersten Monaten der folgenden Jahres schossen die oppositionellen Gruppierungen wie Pilze aus dem Boden. Vor allem von Jugendlichen wurden Bürgerrechtsbewegungen gegründet, die sich zu einer „Bewegung für bürgerliche Freiheiten" zusammen schlossen. Von Bedeutung war nicht nur ihr schneller zahlenmäßiger Anstieg, sondern auch ihre stärkere politische Profilierung und ihr Vordringen in breitere soziale Schichten. So entstanden neben den Organisationen der ehemaligen Reformkommunisten des „Prager Frühlings" – Club für sozialistische Umgestaltung „Obroda" und Gesellschaft zum Studium des Demokratischen Sozialismus – auch solche, die der liberalen Rechten, der monarchistischen Bewegung und anderen politischen Richtungen zuzuordnen waren. Diese unabhängigen Organisationen und Gruppierungen zählten häufig nur einige Dutzend Mitglieder. Die größte und bis zum November 1989 dominierende Gruppe blieb jedoch die Charta 77.

Daneben gab es aber auch offizielle Institutionen, die durch ihre Aktivitäten in die Kritik der Kommunistischen Partei (KPČ) gerieten und dadurch faktisch in eine Oppositionsrolle gedrückt wurden. Ein markantes Beispiel dafür war das Vorgehen gegen die Jazz-Sektion, einem Zweig des damaligen offiziellen Musikverbandes, zu deren Aufgabe insbesondere die Veranstaltung von Konzerten und Ausstellungen sowie die Herausgabe diverser Publikationen gehörte. Die Jazz-Sektion publizierte auch die Werke von mißliebigen Autoren. Im September 1986 wurde ihre Tätigkeit eingestellt; sieben leitende Mitarbeiter wurden danach angeklagt und wegen unerlaubter unternehmerischer Tätigkeit zu mehrmonatigen Haftstrafen verurteilt.

Derartige Maßnahmen konnten nicht verhindern, dass dem kommunistischen Regime das Informationsmonopol allmählich verloren ging. Mitte des Jahres 1989 wurden etwa 130 Oppositionszeitschriften im Lande gezählt. Es gab mehrere autonome Büchereditionen. Die sog. samizdat-Literatur[6] erreichte allerdings nur einen kleinen Kreis von Intellektuellen. Eine viel größere Rolle spielten die Programme ausländischer Rundfunk- und Fernsehanstalten. Die Hörer- resp. Zuschauerzahlen nahmen deutlich zu. In dieser Zeit empfing fast die Hälfte der Bevölkerung wenigstens einen westlichen Sender (teils mit tschechischem bzw. slowakischem Programm). Auch die Popularität des sowjetischen Fernsehens stieg im Zuge der von Gorbačov eingeleiteten politischen Veränderung merklich an (vgl. Krejčí 1991: 50ff.).

Die erste Großkundgebung der politischen Opposition nach dem Ende des „Prager Frühlings" fand im Sommer 1988 in der tschechischen Metropole statt. Am 21. August, dem 20. Jahrestag des Einmarsches der sowjetischen Truppen und ihrer Verbündeten in die Tschechoslowakei, demonstrierten in Prag mehrere Tausend Menschen und brachten ihren Unmut über die politische Entwicklung zum Ausdruck. Die Charta 77 sowie andere unabhängige Gruppierungen veranstalteten im selben Jahr weitere Demonstrationen am tschechischen Nationalfeiertag, dem 28. Oktober, sowie am Tag der Menschenrechte, dem 10. Dezember.

Die folgenden Demonstrationen im Januar 1989 kann man als ein Vorspiel zur „Samtenen Revolution" im November desselben Jahres ansehen. Mehrere Gruppierungen hatten Anfang Januar erklärt, dass sie am 15. des Monats auf dem Prager Wenzelsplatz eine kurze Gedenkfeier für Jan Palach[7] veranstalten wollten. Eine behördliche Erlaubnis dafür war nicht erteilt worden. Die Veranstaltung fand jedoch statt und wurde von der Polizei gewaltsam aufgelöst. In den Tagen danach kam es wiederholt zu Protestkundgebungen, die teilweise in heftigen Auseinandersetzungen mit der Polizei endeten. Nach diesen Ereignissen taten sich die Bürgerbewe-

---

[6] Mit dem russischen Wort „samizdat" werden allgemein die politischen und literarischen Schriften aus den Reihen der politisch Oppositionellen in den früheren sozialistischen Ländern bezeichnet, die nicht legal publiziert werden durften. Es handelte sich in der Regel um einfache Vervielfältigungen von handschriftlichen, mit der Schreibmaschine oder anderen technischen Mitteln hergestellten Texten.

[7] Der Philosophiestudent Jan Palach hatte sich am 15. Januar 1969 aus Protest gegen die Okkupation der Tschechoslowakei öffentlich verbrannt. Palachs Selbstmord wurde zum Symbol des Protestes gegen die militärische Besetzung und die Niederschlagung des „Prager Frühlings" in der Bevölkerung.

gungen schwer mit öffentlichen Auftritten. Bei den Feiern zum 1. Mai 1989 traten sie fast gar nicht auf. Man war sich auch uneinig, ob am 21. August und am 28. Oktober wieder Demonstrationen stattfinden sollten. Die Mitglieder der Charta 77 waren in ihrer Mehrheit gegen neue Massenkundgebungen und setzten statt dessen eher auf das Gespräch mit der politischen Führung. Die August- und Oktober-Demonstrationen fanden daraufhin nur geringe Unterstützung (vgl. Kipke 1997: 141ff.).

Erwartungsgemäß hatte die politische Führung in ihren öffentlichen Verlautbarungen die Januar-Ereignisse als Provokationen bezeichnet, die durch westliche „Diversionszentren" im Zusammenwirken mit den Anführern der Charta 77 angezettelt worden seien. Aber sie reagierte auf den wachsenden politischen Druck nicht nur mit propagandistischen Kampagnen, sondern auch mit konkreten Maßnahmen. So wurden Demonstrationen im Prager Zentrum verboten. Die strafrechtlichen Sanktionen für „Vereitelung der Tätigkeit von öffentlichen Organen" und für „Störung der öffentlichen Ordnung" wurden verschärft.

Dazu wurden alle Anstrengungen unternommen, um die Wirtschaftsreform voran zu treiben und so die politische Lage zu stabilisieren. Im Sommer und Frühherbst 1989 wurde ein ganzes Gesetzespaket verabschiedet, mit dem die angeschlagene Wirtschaft wieder in Gang gebracht werden sollte. Das tschechoslowakische Reformmodell, die „přestavba", trat jedoch auf der Stelle. Das staatssozialistische System hatte nicht die Kraft, radikale Reform-Schritte durchzuführen. Außenpolitische Entwicklungen brachten die KPČ zusätzlich in Bedrängnis. Die Veränderungsprozesse in manchem der sozialistischen „Bruderländer", allen voran in der Sowjetunion, konnten die oppositionellen Kräfte in der Tschechoslowakei nur weiter stärken.

Auch in der Nationalen Front[9] begann es zu bröckeln. Die Tschechoslowakische Sozialistische Partei brach bereits im Frühjahr 1989 aus ihrer

---

[9] Die Nationale Front war organisatorischer Ausdruck der Bündnispolitik der Kommunistischen Partei, ein Instrument zur Durchsetzung ihrer Politik in allen gesellschaftlichen Schichten. Sie stellte eine Vereinigung nichtkommunistischer Parteien (Blockparteien), gesellschaftlicher Organisationen

vierzigjährigen Rolle als Blockpartei und Transmissionsriemen der Kommunistischen Partei aus, indem ihre Führung mit dem Vorschlag an die Öffentlichkeit trat, durch Gesetz politische Grundrechte zu verankern. Einige ihrer Funktionäre knüpften überdies Kontakte zu oppositionellen Gruppierungen. In der Tschechoslowakischen Volkspartei, der größeren nichtkommunistischen Partei in der Nationalen Front, regte sich öffentlicher Widerspruch erst im Herbst 1989. Auf ihrem Parteitag im Oktober formierte sich unter den Delegierten eine oppositionelle Plattform, die sich gegen die Parteiführung stellte und schließlich erfolgreich deren Ablösung betrieb.

Zum 50. Jahrestag der Schließung der tschechischen Hochschulen durch die Nationalsozialisten und des Todes von Jan Opletal[10] fand am 17. November 1989 wieder eine Großdemonstration statt, an der neben Oppositionsgruppen auch der Hochschulrat des offiziellen Sozialistischen Jugendverbandes beteiligt war. Die Veranstaltung war behördlich genehmigt worden, politisch hatte es dazu gar keine Alternative gegeben. Der Genehmigung entsprechend sollte die Kundgebung vor der Naturwissenschaftlichen Fakultät der Karls-Universität mit einem Marsch zum Prager Vyšehrad enden. Die oppositionelle Studentenorganisation STUHA hatte jedoch zu einem anschließenden Demonstrationszug bis in die Innenstadt aufgerufen; Tausende junger Menschen folgten dem Aufruf. Dort stießen die Demonstranten auf starke Polizeikräfte, die bis zu 2000 Personen umzingelten und dann blutig nieder knüppelten. Bei der Polizeiaktion wurden inoffiziellen Angaben zufolge fast 600 Menschen zum Teil schwer verletzt (vgl. Bartuška 1990: 84f.). Das gewaltsame Vorgehen gegen demonstrierende Schüler und Studenten wirkte wie ein Funke, der einen Flächenbrand auslösen sollte. Die Nachrichten über die Vorgänge des 17. November hatten sich schnell über Prag und das ganze Land ausgebreitet und den Emotionen durch die Falschmeldung vom Tod eines Demonstrationsteilnehmers zusätzliche Nahrung verschafft. In der Chronologie der Wende haben die Ereignisse dieses Tages zentrale Bedeutung.

---

und der Kommunistischen Partei dar, wobei letztere die uneingeschränkte Führungsposition einnahm. Die Existenz einer politischen Organisation außerhalb der Nationalen Front war ausgeschlossen.

[10] Der Student Jan Opletal war von der nationalsozialistischen Besatzungsmacht bei einer Studentendemonstration am 28. Oktober 1939 schwer verletzt worden und einige Tage später verstorben.

Zwei Tage später versammelten sich schon Zehntausende auf dem Prager Wenzelsplatz zum Protest gegen das Regime; weitere Demonstrationen fanden in anderen Städten der Tschechoslowakei statt. An diesem Tag, dem 19. November 1989, wurde das Bürgerforum, OF (Občanské forum), in Prag gegründet, das sich schnell zur bedeutendsten Bürgerbewegung der tschechischen Opposition in der Wendezeit entwickelte. Die Polizei griff bei der konstituierenden Sitzung nicht ein, obwohl sie durchaus darüber informiert war. Strukturell bestand das Bürgerforum aus einem Koordinationszentrum in Prag und weitgehend autonom operierenden lokalen und betrieblichen Bürgerforen in Böhmen und Mähren, die mit dem Zentrum durch ein „horizontales Netz" verbunden waren. Der Prager Zentrale war das Recht vorbehalten, das Bürgerforum als Ganzes zu vertreten. In der Praxis jedoch verwischten sich die klaren und transparenten Strukturen. Das Bürgerforum, in dem Mitglieder der Charta 77 dominierten, verstand sich nicht als eine politische Partei. Es wollte vielmehr Brücke hin zu einer demokratischen Gesellschaft und Mittler des mehr oder minder spontanen Willens der Bevölkerung sein (vgl. Hanzel 1991: 388). Der rasche Niedergang des alten Systems, der so von niemandem erwartet worden war, sollte das Forum sehr schnell zu einer machtpolitischen Größe machen.

In der slowakischen Hauptstadt Bratislava (Pressburg) verliefen die Ereignisse weniger spektakulär als in Prag. Ebenfalls am 19. November gründeten einige Hundert Personen, vor allem Vertreter von Kultur und Wissenschaft, eine politische Vereinigung mit dem Namen Öffentlichkeit gegen Gewalt, VPN (Verejnost proti nasiliu). War die erste große Demonstration am 21. November mit einigen Tausend Teilnehmern noch eher ein spontanes Ereignis, so traten tags darauf ihre Vertreter schon als Organisatoren bei der Kundgebung auf. Die Öffentlichkeit gegen Gewalt wurde schnell zur zentralen Koordinationsstelle der slowakischen Opposition; ihre politische Bedeutung blieb aber hinter der des Bürgerforums zurück. In Prag nahm man die Gründung der slowakischen Bewegung nicht besonders zur Kenntnis. Das tschechische Bürgerforum sah sich als Sprecher von Tschechen und Slowaken, als Repräsentant eines einheitlichen Willens. Vertreter beider Bürgerbewegungen trafen jedoch in den folgenden Tagen zusammen. In einer gemeinsamen Erklärung bezeichneten sich beide Organisationen als souveräne Repräsentanten der tschechischen und slowakischen Bürgerbewegung, die auf der Grundlage wechselseitiger Partnerschaft, die sich aus den gemeinsamen demokratischen Zielen ergebe, zusammen arbeiten.

Am 27. November 1989 fand im ganzen Land ein zweistündiger General-streik statt, an dem sich etwa die Hälfte aller Beschäftigten beteiligt haben soll (vgl. Hoensch 1992: 213). Das Bürgerforum hatte für den Streik geworben, der Protest gegen die politischen Verhältnisse und die Alleinherrschaft der Kommunistischen Partei zum Ausdruck bringen sollte. Die KPČ war dagegen nicht müde geworden, vor den negativen Folgen eines Ausstandes für die wirtschaftliche Lage zu warnen.

Aus der politischen Führung traten zwei Akteure hervor, die sich in der angespannten Situation dem Dialog stellten: Das Mitglied des Politbüros der KP Miroslav Štěpán, ein Vertreter der ideologischen Orthodoxie, und der tschechoslowakische Ministerpräsident Ladislav Adamec. Beiden war offenbar die ganze Tragweite der politischen Ereignisse bewusst geworden. Štěpán war zu Verhandlungen mit der Opposition bereit, lehnte aber nennenswerte Zugeständnisse ab. Er sprach mit dem Oberhaupt der katholischen Kirche, Kardinal Tomášek, den er erfolglos für einen gesonderten Dialog zwischen Partei und Kirche zu gewinnen suchte. Adamec nahm seinerseits Kontakte zum Bürgerforum auf und signalisierte Kooperationsbereitschaft. Am 28. November sagte er zu, eine föderale Koalitionsregierung auf breiter politischer Grundlage zu bilden und alle politischen Häftlinge frei zu lassen. Tags darauf billigte das gesamtstaatliche Parlament, die Föderalversammlung, die Streichung der führenden Rolle der Kommunistischen Partei in Staat und Gesellschaft aus der Verfassung. Das von Adamec zusammen gestellte Koalitionskabinett entsprach jedoch nicht den Erwartungen der Opposition, weil die Kommunisten darin eindeutig dominierten. Zu weiteren Zugeständnissen nicht bereit trat Adamec nach der Drohung mit einem weiteren Generalstreik von seinem Amt zurück.

Nachfolger wurde sein Parteigenosse Marián Čalfa, dessen Nominierung die Unterstützung des Bürgerforums gefunden hatte. Die Zusammensetzung seiner Regierung wurde am Runden Tisch[11] ausgehandelt. Im Ergebnis war die Opposition personell nunmehr annähernd paritätisch am Kabinettstisch vertreten. Die politischen Lager waren sich darüber im Klaren, dass mit dem neuen Kabinett lediglich eine Interimsregierung unter der Mitwirkung aller wesentlichen politischen Kräfte im Lande geschaffen worden war, die vor allem die Funktionsfähigkeit der Wirtschaft sicherstellen sollte. Eine der letzten Amtshandlungen von Staatspräsident Gustáv Husák stellte die Vereidigung der neuen „Regierung der nationalen Verständigung" dar, bevor er am 10. Dezember 1989 unter dem Druck der Opposition zurück trat. Gleichzeitig mit der föderalen Regierung wurden auch die Regierungen der nationalen (Teil-) Republiken der Tschechen und der Slowaken unter maßgeblicher Beteiligung der Opposition neu gebildet (vgl. Kipke 1997: 147ff.).

Die Entwicklungen hatten offenkundig gemacht, dass sich die KPČ den Forderungen einer immer selbstbewusster auftretenden Opposition weitgehend fügen musste. Auch durch Personalveränderungen in der Staatsführung und in ihren eigenen Strukturen konnte die Partei den Autoritätsverfall nicht aufhalten. Unterstützung von außen, gar durch eine neuerliche militärische Intervention der Sowjetunion, war nicht zu erwarten. Der Zusammenbruch des kommunistischen Regimes stand nun unmittelbar bevor, kaum dass die Machtfrage gestellt worden war. Regierungschef Čalfa legte dem Parlament am 20. Dezember 1989 sein Programm vor, in dem er sich für den Übergang zur parlamentarischen Demokratie und für eine entschiedene Wende hin zur Marktwirtschaft mit freier Konkurrenz aussprach. Auf einem außerordentlichen Parteitag der KPČ, der tags darauf begann, distanzierte sich die Partei von ihrer eigenen Vergangenheit. Sie bekannte sich zu Fehlern und verurteilte die Intervention des Warschauer Paktes im Jahre 1968. Führende Genossen der „Normalisierungsphase" wurden gemaßregelt oder ausgeschlossen, andererseits alle frühe-

---

[11] Der Runde Tisch in der Tschechoslowakei (Vergleichbares gab es in den anderen Volksdemokratien) war ein informelles Gremium der Umbruchphase, ein Dialogforum zwischen dem alten Regime und der demokratischen Opposition, dem eine wesentliche Funktion beim friedlichen Übergang der Macht zukam. Dort getroffene Vereinbarungen wurden von der Kommunistischen Partei und den staatlichen Institutionen umgesetzt. So sind wichtige politische Entwicklungen dieser Wochen vom Runden Tisch vorab entschieden worden (vgl. Weiß/Heinrich 1991: 24ff.).

ren Parteimitglieder rehabilitiert, die nach dem „Prager Frühling" wegen ihrer Zugehörigkeit zum Reformflügel aus der Partei ausgeschlossen worden waren (vgl. Hoensch 1992: 216).

Für die anstehende Wahl eines neuen Staatspräsidenten hatte man sich darauf geeinigt, dass der künftige Amtsinhaber ein Tscheche sein müsse (da das Amt des Ministerpräsidenten mit Čalfa ein Slowake inne hatte) und keiner der Parteien des alten Regimes nahe stehen dürfe. Zu einer Kontroverse kam es dagegen in der Frage des Wahlmodus. In den Reihen der Kommunistischen Partei wurde die Forderung nach einer Direktwahl des Präsidenten durch die Bürgerinnen und Bürger des Landes erhoben, während andere unter Führung des Bürgerforums – entsprechend der bestehenden Rechtslage und der Verfassungstradition – die Entscheidung des Bundesparlaments verlangten. Der Kandidat des Bürgerforums, Václav Havel, war zu diesem Zeitpunkt über die Grenzen der Hauptstadt Prag hinaus noch wenig bekannt, so dass er im Falle eines Plebiszits einer landesweit bekannten Persönlichkeit als Gegenkandidaten womöglich unterlegen gewesen wäre. Havel wurde schließlich am 29. Dezember 1989 durch die Föderalversammlung gewählt.

Einer Vereinbarung des Runden Tisches folgend gaben die Kommunisten schon vor den für Juni 1990 anberaumten Wahlen ihre Mehrheit in den Parlamenten auf zentral- und nationalstaatlicher Ebene auf. Anfang Dezember 1989 hatten die ersten Abgeordneten ihren Platz im Föderalparlament geräumt; bis Ende Januar 1990 konnte hier der Prozess der Umbesetzung im wesentlichen abgeschlossen werden. Die KPČ hatte die Mandatsmehrheit verloren, die Vakanzen waren fast ausschließlich durch Anhänger des Bürgerforums und der Öffentlichkeit gegen Gewalt besetzt worden. In beiden Kammern des Bundesparlaments, der Volkskammer (200 Mitglieder) und der Nationenkammer (150 Mitglieder), bestand nun eine klare Mehrheit für den parlamentarischen Übergang in ein demokratisches politisches System. Die personellen Veränderungen zugunsten der Opposition in den beiden nationalen Parlamenten, dem Tschechischen Nationalrat und dem Slowakischen Nationalrat, fielen weniger dramatisch aus.

Die „Samtene Revolution" (Sametová revoluce), wie die Tschechen die Phase des politischen Umbruchs nennen, oder die „Zärtliche Revolution" (Nežná revolúcia), wie die Slowaken sagen, hatte mit dem völligen Zusammenbruch des kommunistischen Regimes binnen kurzer Zeit zu einem unerwarteten Erfolg geführt.

## 1.6 Ende der Tschechoslowakischen Republik

Am 20. April 1990 beschloss die Föderalversammlung eine Änderung der Staatsbezeichnung. Nun lautete sie offiziell „Tschechische und Slowakische Föderative Republik" (ČSFR), womit nicht nur der föderative Charakter des Staates zum Ausdruck gebracht, sondern auch die Gleichberechtigung von Tschechen und Slowaken klar dokumentiert werden sollte. Den Entscheidungsprozess hatten kontroverse Debatten begleitet, in denen sich die beiden Titularnationen – unabhängig von ihrer jeweiligen parteipolitischen Bindung – gegenüber gestanden hatten. In grundsätzlichen Fragen herrschte aber im ersten Jahr nach der Wende landesweit ein breiter Konsens unter den neuen politischen Eliten: Vorrangig war die rasche Entwicklung einer rechtsstaatlichen Demokratie und einer marktwirtschaftlichen Ordnung sowie eine Neuregelung der staatsrechtlichen Beziehungen zwischen Zentralstaat und nationalen Gliedstaaten.

Anfang Juni 1990 fanden die ersten demokratischen Wahlen seit 1946 statt. Gewählt wurden die Abgeordneten des Föderalparlaments und der Nationalräte, der Parlamente der beiden Teilrepubliken, für jeweils eine reduzierte Legislaturperiode von nur zwei (statt vier) Jahren. Man hatte sich nach heftiger Debatte für die zeitliche Verkürzung mit der Argumentation entschieden, dass noch kein solides pluralistisches Parteiensystem bestehe, dieses aber bei einem Wahlgang in zwei Jahren zu erwarten sei, und im Jahre 1992 der Gesetzgeber auf allen drei staatlichen Ebenen Verfassungen verabschiedet haben würde, worauf zeitnahe Neuwahlen folgen sollten.

Erwartungsgemäß hatten die Wahlgänge wenige Monate nach der Wende den Charakter eines Plebiszits über das vergangene kommunistische Regime. Bei hoher Beteiligung der Bevölkerung gingen die beiden großen Bürgerbewegungen überall als Sieger hervor, während die Kommunisten weit abgeschlagen wurden. Bis zum Ende des Monats waren die neue Bundesregierung unter dem bisherigen Ministerpräsidenten Čalfa, der die Kommunistische Partei mittlerweile verlassen hatte, sowie die tschechische und die slowakische Landesregierung im Amt. Nachdem Václav Havel im Juli 1990 von der Föderalversammlung erneut zum Staatspräsidenten gewählt worden war, schienen günstige Voraussetzungen für eine Konsolidierung des neuen Staatswesens gegeben.

Die Folgezeit war gekennzeichnet durch eine rege Gesetzgebungstätigkeit der Parlamente. Zu den bemerkenswerteren Entwicklungen gehörte die Verabschiedung eines Restitutionsgesetzes, mit dem die Rückgabe von verstaatlichtem Eigentum geregelt wurde: Ansprüche konnten nur die Betroffenen erheben, die als tschechoslowakische Staatsbürger im Lande leben und nach der kommunistischen Machtübernahme im Februar 1948 ohne Entschädigung enteignet worden sind.[12] Darüber hinaus sind umfangreiche Privatisierungsmaßnahmen in Angriff genommen worden, die sog. „Kleine Privatisierung" für Kleinbetriebe (Handel und Gewerbe) und die „Große Privatisierung" für große Industrieunternehmen. Eine wichtige Entscheidung stellte auch das sog. Lustrationsgesetz dar, nach heftigen Auseinandersetzungen im Oktober 1991 von der Föderalversammlung verabschiedet, mit dem man personalpolitische Konsequenzen aus der kommunistischen Vergangenheit gezogen hat: Der Zugang von Mitarbeitern und Zuträgern des früheren Staatssicherheitsdienstes sowie von bestimmten Funktionsträgern des kommunistischen Regimes zu staatlichen Tätigkeitsfeldern wurde Beschränkungen unterworfen. Die Kompetenzverteilung zwischen Bund und Gliedstaaten wurde zugunsten letzterer verschoben, was allerdings eine verfassungsrechtliche Neuordnung der ČSFR nicht ersetzen konnte und sollte. Auf allen drei staatlichen Ebenen waren Verfassungskommissionen eingesetzt worden. Ein neues Grundgesetz war auf der Ebene des Bundes auszuarbeiten, während die beiden nationalen Gliedrepubliken überhaupt erst einmal eigene Landesverfas-

---

[12] Mit den einschränkenden Bedingungen wurden Ansprüche der vertriebenen Sudentendeutschen an den tschechoslowakischen Staat ausgeschlossen.

sungen erhalten mussten, die schon im Föderalisierungsgesetz aus dem Jahre 1968 vorgesehen, aber nicht zustande gekommen waren.

Die Außenpolitik war darauf ausgerichtet, die Intensität der Beziehungen zur Sowjetunion bzw. zur Russischen Föderation deutlich zu reduzieren und gleichzeitig die Beziehungen zu Westeuropa und den USA auszubauen sowie die Einbindung der Tschechoslowakei in die Weltwirtschaft voran zu bringen. Moskau und Prag kamen im Februar 1990 überein, den auslaufenden Freundschafts- und Beistandsvertrag zwischen beiden Staaten nicht mehr zu verlängern. Außerdem vereinbarte man den Abzug der sowjetischen Truppen, die seit der Niederschlagung des „Prager Frühlings" auf tschechoslowakischem Territorium standen; die letzten Soldaten verließen im Juni 1991 das Land. Der Warschauer Pakt, das militärisch-politische Bündnis der sozialistischen Staaten, wurde zum 1. Juli 1991 offiziell aufgelöst. Etwa gleichzeitig wurde auch der Rat für gegenseitige Wirtschaftshilfe (RGW) liquidiert, dessen Aufgabe in der Koordinierung der wirtschaftlichen und wissenschaftlich-technischen Zusammenarbeit der sozialistischen Staaten bestanden hatte.

Die Einbeziehung der ČSFR in die westlichen Strukturen bekam für die Regierung sehr schnell oberste Priorität. Auf diesem Wege war die Aufnahme des Landes in den Europarat im Januar 1991 schon ein bedeutsamer Schritt. Prag ließ keinen Zweifel daran, dass man den EG-Beitritt anstrebte und – nachdem zunächst die Idee eines gesamteuropäischen Sicherheitssystems propagiert worden war – auch die Nähe zur NATO suchte. Im Herbst 1991 äußerten der tschechoslowakische Außenminister zusammen mit seinem polnischen und ungarischen Kollegen den Wunsch ihrer Länder, an den Aktivitäten des nordatlantischen Bündnisses beteiligt zu werden. Ein wichtiger Baustein der neuen Außenpolitik war überdies die Unterzeichnung des tschechoslowakisch-deutschen Nachbarschaftsvertrages im Februar 1992. Ohne sich zum Münchener Abkommen von 1938, dem Zeitpunkt seiner Ungültigkeit,[13] und in der rechtlichen Bewer-

---

[13] Nach Auffassung der tschechoslowakischen Seite ist das Münchener Abkommen vom 29.09.1938 von Anfang an ungültig. Nach Auffassung aller bisherigen deutschen Bundesregierungen ist das Abkommen zunächst gültig zustande gekommen, dann aber mit der widerrechtlichen Besetzung der

tung der Vertreibungspolitik gegenüber den Sudetendeutschen einigen zu können, hat man eine umfassende Zusammenarbeit vereinbart, die den Beginn einer neuen Ära in den wechselseitigen Beziehungen einleiten sollte.

Die außenpolitische Neuorientierung hat dagegen den Beziehungen zu den unmittelbaren Nachbarn im Osten nur noch nachrangige Entwicklungsperspektiven belassen. Mit dem Visegrád-Abkommen vom Februar 1991 schlossen sich die Tschechoslowakei, Polen und Ungarn zusammen, um eine gemeinsame Politik gegenüber der Europäischen Gemeinschaft mit dem Ziel der Mitgliedschaft zu verfolgen. Dem sollte Ende des Jahres 1992 noch ein Vertrag der drei Länder über die Schaffung einer Freihandelszone (CEFTA) folgen.

Die wirtschaftlichen Daten aus dieser Zeit zeugen von den großen Schwierigkeiten, die mit der Umstellung der Volkswirtschaft auf marktwirtschaftliche Bedingungen und der Neuausrichtung auf westliche Märkte verbunden waren. Das Bruttoinlandsprodukt war 1990 nur leicht gesunken, erreichte aber 1991 einen Rückgang von fast 15% und nahm im folgenden Jahr um weitere 7% ab. Die jährliche Inflationsrate stieg 1991 auf rund 58% und ging im Folgejahr auf ca. 11% zurück. Die Zunahme der Arbeitslosigkeit fiel landesweit im Vergleich zu anderen postkommunistischen Reformländern moderat aus, entwickelte sich jedoch landesweit sehr unterschiedlich. Die Rate stieg in der Slowakei erheblich stärker als im tschechischen Landesteil an; im letzten Quartal des Jahres 1991 betrug sie 11,8% bzw. 4,1% und lag ein Jahr später bei 10,4% bzw. 2,6% (vgl. OECD 1994:9ff.). Die Entwicklung der Arbeitslosigkeit dürfte bei den Tschechen die Befürwortung marktwirtschaftlicher Reformen eher befördert, bei den Slowaken mehr zur Skepsis gegenüber der Transformationspolitik der Prager Bundesregierung beigetragen haben.[14]

---

Tschechoslowakei durch deutsche Truppen im März 1939 nichtig geworden. Die beiden Positionen haben unterschiedliche rechtliche Konsequenzen.

[14] Bei allen genannten Wirtschaftsdaten ist zu berücksichtigen, dass sich nach der politischen Wende in der Tschechoslowakei – wie in anderen postkommunistischen Ländern auch – eine kräftige Schattenwirtschaft entwickelt hat, die hierbei nicht erfasst worden ist. Die verbreitete Schwarzarbeit dürfte dazu beigetragen haben, dass die Arbeitslosigkeit nicht (noch) höher ausgefallen ist.

Zu den Anfang Juni 1992 anstehenden zweiten Parlamentswahlen nach der demokratischen Wende hatte sich den Bürgerinnen und Bürgern ein breites Spektrum von Parteien gestellt. Die Wahlergebnisse machten dann deutlich, dass die politischen Präferenzen von Tschechen und Slowaken unterschiedlich waren. Während in Böhmen und Mähren bürgerlich-konservative Kräfte unter Führung der Demokratischen Bürgerpartei (ODS) mit großem Vorsprung siegreich waren, konnte in der Slowakei die links-nationale Bewegung für eine Demokratische Slowakei (HZDS) ebenso überlegen stärkste Partei werden. Beide Parteien waren aus der jeweiligen nationalen Bürgerbewegung (OF bzw. VPN) hervor gegangen. Für die Nationalräte der beiden Teilrepubliken ergaben sich damit klare politische Mehrheiten. Die Föderalversammlung dagegen stand vor der Schwierigkeit, dass keines der beiden politischen Lager die notwendige Mehrheit für eine Regierungsbildung aufbrachte. Die Kernpunkte des Konflikts zwischen ihnen hatten schon den Wahlkampf beherrscht. Dissens bestand vor allem in der Frage der zukünftigen staatsrechtlichen Beziehungen zwischen Tschechen und Slowaken, der konkreten Ausgestaltung der Föderation, sowie hinsichtlich der Strategie der wirtschaftlichen Transformation. Letztlich einigten sich ODS und HZDS trotz unterschiedlicher Grundpositionen auf eine Koalitionsregierung mit Jan Stráský (ODS) als Ministerpräsidenten. Die Vorsitzenden der beiden Koalitionsparteien, Václav Klaus (ODS) und Vladimír Mečiar (HZDS), hatten kein Amt in der neuen Föderalregierung übernommen; sie zogen den Stuhl des Ministerpräsidenten der tschechischen bzw. slowakischen Teilrepublik vor, was ein bezeichnendes Licht auf die Perspektiven des gemeinsamen Staates der beiden Völker warf. Die innenpolitische Situation verschärfte sich noch, als im Juli 1992 die Wiederwahl von Václav Havel zum Staatspräsidenten am Widerstand der slowakischen Abgeordneten in der Föderalversammlung scheiterte und auch kein anderer Kandidat die notwendige Mehrheit erhielt. Havel trat daraufhin vorzeitig von seinem Amt zurück. Seine präsidentiellen Befugnisse gingen auf den Ministerpräsidenten der Bundesregierung über.

Ein Fortbestand der Tschechoslowakei – in welcher rechtlichen Konstruktion auch immer – hatte offenkundig keine Chance mehr. Noch im Juli 1992 vereinbarten Klaus und Mečiar die Teilung des Staates und verständigten sich auf einen Teilungsplan. Die ČSFR wurde knapp 75 Jahre nach Gründung der Tschechoslowakischen Republik durch Verfassungsgesetz des Bundesparlaments mit dem Ende des Jahres 1992 aufgelöst (völkerrechtlich spricht man von Dismembration); Forderungen nach einem Volksentscheid zu dieser Frage hatten sich als politisch nicht durchsetzbar erwiesen (vgl. Jičínský/Mikule 1995: 15ff.). Seit dem 1. Januar 1993 bestehen die Tschechische Republik und die Slowakische Republik als von einander unabhängige Völkerrechtssubjekte und Rechtsnachfolgerinnen der Tschechoslowakei (vgl. Münch/Hoog 1993: 163ff.). Föderale Organe gab es fortan nicht mehr. Parlament und Regierung der bisherigen Teilrepubliken blieben ohne Neuwahlen als Verfassungsorgane der nunmehr souveränen Staaten im Amt. Nun galt es auf getrennten Wegen, die anstehenden Probleme der Transformation von Staat und Gesellschaft zu bewältigen.

Die Politik in der Zeitspanne von der politischen Wende bis zum Ende des tschechoslowakischen Staates ist weitgehend repräsentiert worden durch Intellektuelle der „grauen Zone", die sich passiv mit dem staatssozialistischen System arrangiert hatten, durch Reform- oder „Wende"-Kommunisten und durch solche Persönlichkeiten, die in offener Opposition zum früheren Regime gestanden hatten. Nach dessen Zusammenbruch ist die „unpolitische" Politik der früheren Opposition, die sich weitgehend in moralischen Standpunkten und Gesten dokumentiert hatte, zur herrschenden professionellen Politik geworden (vgl. Brokl/Mansfeldová: 165f.). Ihr mangelte es an der Fähigkeit, sich mit Geduld um tragfähige Kompromisse zwischen den divergierenden Interessen zu bemühen.

Zu der Entscheidung „von oben" gehörte ihre stumme Tolerierung „von unten". Der passive, politisch unmündige Bürger, wie ihn die Gesellschaft des real existierenden Sozialismus geformt hatte, war das notwendige Korrelat, um den tschechoslowakischen Staat „sang- und klanglos" untergehen zu lassen.

# Exkurs:
## Theoretische Aspekte der Systemtransformation

Der Zusammenbruch der kommunistischen Regime in den Ländern des Warschauer Paktes war von niemandem voraus gesehen worden, auch nicht von den Sozialwissenschaften. Freilich hat es nicht an Vermutungen und Prophezeiungen auch namhafter Wissenschaftler gefehlt, die eine Implosion, ein Ende der kommunistischen Gesellschaft von innen heraus, für möglich oder auch für zwingend hielten, ohne jedoch zu Voraussetzungen und Zeithorizonten konkrete Aussagen zu machen. [15]

Diejenigen, die von den Sozialwissenschaften Prognosefähigkeit erwarten, wurden nicht zum ersten Mal enttäuscht. Die Frage kann hier im Raum stehen bleiben, inwieweit sie über die Wiedergabe und Analyse politischer und sozialer Realität hinaus mit ihrem derzeitigen Instrumentarium überhaupt prognostische Kompetenzen anbieten können. Jüngste Entwicklungen wie beispielsweise das Wiedererwachen von Nationalismus in Europa oder das Aufkommen neuer Dimensionen des Terrorismus dürften jedenfalls ihre diesbezügliche Begrenztheit erneut bestätigt haben.

Die sozialwissenschaftliche Forschung befasst sich in begleitend oder nachvollziehend mit den Prozessen der Systemtransformation und hat zu deren Analyse und Erklärung eine Reihe theoretischer Konzepte entwickelt. Gegenwärtig kann man von vier großen Theoriepfaden ausgehen, wobei jeder Ansatz für sich und in der Vernetzung mit anderen Aussage-

---

[15] So haben Friedrich und Brzezinski eine Umgestaltung von innen heraus für „vorstellbar" gehalten (vgl. Friedrich/Brzezinski 1968: 633). Parsons hat sich schon stärker fest gelegt. Er ist davon ausgegangen, dass sich die kommunistische Gesellschaftsorganisation als instabil erweisen werde und sich entweder „auf die Wahlrechtsdemokratie und ein pluralistisches Parteisystem" hin bewegen oder „in weniger entwickelte und politisch weniger effektive Organisationsformen" übergehen werde (vgl. Parsons 1971: 71).

kraft über Teilaspekte des Verlaufs haben kann. Es handelt sich dabei um System-, Struktur-, Kultur- und Akteurstheorien. Mit ihrer Hilfe wird nach Ursachen, Verläufen oder Ergebnissen der Transformation in unterschiedlichen Subsystemen geforscht. Systemtheoretiker haben vor allem Wirtschaft und Gesellschaft, Strukturalisten Staat und soziale Schichten im Blick, Kulturtheoretiker richten das Augenmerk auf Religion und Kultur mit den daraus erwachsenen sozialen Beziehungen und Akteurstheoretiker auf die politische Handlungsebene (vgl. Merkel 1999: 77ff.).

Die Welt hat im 20. Jahrhundert mehrere Wellen von Systemtransformation erlebt. Allein im Europa der Zeit nach dem Zweiten Weltkrieg gibt es mehrere, ganz unterschiedliche Beispiele dafür. Der Aufbau von demokratischen Gesellschaften in (West-) Deutschland und Italien, die Demokratisierungsschübe auf der Iberischen Halbinsel in den siebziger Jahren und mehr noch die Entwicklungen im nachsowjetischen Russland und in den früheren Volksdemokratien brachten tiefgreifende Veränderungen.

Eine herausragende Besonderheit des ostmitteleuropäischen Raumes besteht darin, dass in diesen Ländern binnen weniger Jahrzehnte die politische, soziale und wirtschaftliche Ordnung gleich zweimal einem vollständigen Umbau unterworfen wurde. Dem Aufbau der sozialistischen Staats- und Gesellschaftsordnung im sowjetischen Macht- und Einflussgebiet nach 1945 folgte ihr Zusammenbruch, nachdem ihre Legitimität völlig verbraucht, ihre Perspektive nicht mehr glaubwürdig und ihre externe, militärische Bestandsgarantie durch die Sowjetunion unter der Führung von Michail Gorbačov aufgegeben worden war. Es handelte sich jeweils um einen Systemwechsel, der sich dadurch auszeichnet, dass die Veränderungen fundamental und definitiv zu einem anderen Systemtypus führen.[16]

---

[16] Einen Oberbegriff für alle Formen und Aspekte des Übergangs von einem Systemtyp zu einem anderen stellt der Begriff der Transformation dar. Er umfasst neben dem Systemwechsel auch den Systemwandel, worunter eine evolutionäre, allmähliche Veränderung mit grundsätzlich offenem Ausgang zu verstehen ist. Darunter fällt ebenso die Transition. Der Begriff, aus dem Englischen bzw. Spanischen übernommen und vor allem im Zusammenhang mit den Veränderungsprozessen in Lateinamerika und Südeuropa entstanden, ist enger zu verstehen und bezieht sich allein auf die Demokratisierung politischer Systeme (vgl. Merkel 1999: 74ff.).

Das politische Ziel war jeweils klar definiert. In den späten vierziger Jahren ging es um die Durchsetzung des Sozialismus, für dessen Implementierung sowjetische Vorbilder und Vorgaben verbindlich waren. Der dem Zusammenbruch vierzig Jahre später folgende Systemwechsel hat auch keinen irgendwie gearteten „Dritten Weg" angestrebt. Dessen Theoretiker aus der Zeit des „Prager Frühlings" 1968 hatten nicht nur in ihrem Heimatland nun keine Chance mehr. Vielmehr waren die Ordnungsmodelle des demokratischen Westens strategisches Vorbild. Der Transformationsverlauf in diesen Ländern, die alle die Mitgliedschaft in der Europäischen Union anstreben, wurde in den letzten Jahren in zahlreichen Politikfeldern zunehmend stärker von Vorgaben der EU beeinflusst, was sich allein schon in der Verpflichtung der Beitrittskandidaten zur Übernahme der zum gemeinschaftlichen Besitzstand gehörenden, umfänglichen Rechts- und Verwaltungsvorschriften dokumentiert.

Eigene politische Traditionen und Erfahrungen spielten teilweise eine Rolle. So hat für die tschechische Verfassungsgebung zweifellos das konstitutionelle Erbe der demokratischen Tschechoslowakei der Zwischenkriegszeit Pate gestanden, während in der Slowakei weitgehend darauf verzichtet wurde.

Der Transformationsprozess insgesamt durchläuft mehrere Phasen; er beginnt mit der Auflösung des alten und endet mit der Konsolidierung des neuen Systems bzw. seiner Subsysteme. Sowohl nach der kommunistischen Machtübernahme als auch nach dem Zusammenbruch der realsozialistischen Ordnung standen die politischen Eliten vor einer besonderen Problematik, die heute – bezogen auf den zweiten Umbruch – häufig als „Dilemma der Gleichzeitigkeit" bezeichnet wird. Im Blickfeld stehen dabei vor allem die zeitgleichen Prozesse des Übergangs von der sozialistischen zur bürgerlich-liberalen Demokratie und des Wechsels von der Plan- zur Marktwirtschaft. Beide bedingen sich nicht gegenseitig; liberale Demokratie führt nicht automatisch zur Marktwirtschaft und umgekehrt. Zur gleichen Zeit vollziehen sich auch in anderen Subsystemen qualitative Veränderungen. In der Tschechoslowakei kam Anfang der neunziger Jahre (wie in anderen multiethnischen Ländern im östlichen Europa) mit der

Auflösung des Staates eine spezifische Komponente des Systemwechsels hinzu.

Freilich gestaltet sich die Transformation der einzelnen Subsysteme unterschiedlich in Verlauf und Zeitrahmen; beides ergibt sich jeweils aus der Natur der Sache und ist abhängig vom jeweiligen Bedingungsgefüge einschließlich des strategischen Transformationskonzepts. Die Schaffung einer neuen Verfassungsordnung, eines kompetitiven Parteiensystems, die Durchführung von freien Wahlen etc. lassen sich in verhältnismäßig kurzer Frist realisieren. Langwieriger gestaltet sich schon der ökonomische Umbau. Während in Tschechien gleich in den ersten Jahren, unter der Regierung von Ministerpräsident Václav Klaus, eine neoliberale, in der Praxis allerdings sozial abgefederte Wirtschaftsstrategie verfolgt wurde, ist man in der Slowakei zurückhaltender vorgegangen; erst 1999 sind Privatisierungsverbote für sog. strategische Wirtschaftsunternehmen gesetzlich aufgehoben worden. Die demokratischen Institutionen einer liberalen Demokratie und sozio-ökonomischen Strukturen einer kapitalistischen Marktwirtschaft können heute in den beiden Ländern als konsolidiert (in dem Sinne, dass keine reale Chance auf Durchsetzung einer Alternative besteht) betrachtet werden. Den Zeitraum einer Generation oder mehr kann der grundlegende Wechsel der politischen Kultur, der politischen Einstellungen und Verhaltensweisen der Menschen, in den postkommunistischen Ländern in Anspruch nehmen, auf die Politik nur teilweise und indirekt Einfluss hat. Die Erfahrungen aus der demokratischen Transformation in Italien und Westdeutschland nach 1945, wo dieser Prozess Jahrzehnte in Anspruch nahm (vgl. Merkel 1999: 146), dürften dabei wegen der anderen Ausgangslage und Rahmenbedingungen nicht mehr als ein vager Anhaltspunkt sein. In den beiden Nachfolgestaaten der Tschechoslowakei deuten manche Faktoren darauf hin, dass die Entwicklung zumindest sektoral schneller verlaufen wird, als in den ehemaligen „Bruderländern"[17]. Empirische Untersuchungen aus den ersten Jahren nach der Wende zeigen, dass bei den Tschechen wie bei den Slowaken ein bürger-

---

[17] Die postsozialistische Transformation in Ostdeutschland bleibt außer Betracht. Wegen der besonderen Bedingungen des Prozesses (Anschluss des Gebiets an das reiche Westdeutschland mit funktionierender Demokratie und prosperierender Marktwirtschaft; hohe Transferleistungen von West nach Ost etc.) handelt es sich um einen Sonderfall.

lich-liberales Demokratieverständnis vergleichsweise stark verankert ist, wobei ihm in der Slowakei angesichts einer konfliktträchtigen ethnischen Situation (große ungarische Minderheit) durch national-populistische Mobilisierung eher Gefahr drohen könnte.

# 2 Politisches System der Tschechischen Republik

## 2.1 Einleitende Daten

Die Tschechische Republik, bestehend aus den Gebieten der historischen Länder Böhmen, Mähren und (südlichem) Schlesien, die weitgehend geprägt sind von Hügel- und Bergland, hat etwa 10,3 Millionen Einwohner und eine Fläche von knapp 80.000 Km². Rund 95% der Bevölkerung sind tschechischer Nationalität, der Rest verteilt sich auf verschiedene kleinere Minderheiten. Annähernd 40% gehören der römisch-katholischen Kirche an; sie ist vor allem in Mähren stark vertreten. Konfessionslos sind etwa 40% der Menschen. Tschechien verfügt über eine gewachsene industrielle Struktur; teilweise ist sie veraltet und birgt insoweit erhebliche wirtschafts- und sozialpolitische Probleme. Land- und Forstwirtschaft haben dagegen nachrangige Bedeutung. Von den Bodenschätzen stellt nur noch die Kohle einen nennenswerten Wirtschaftsfaktor dar. Führende Industriezweige sind der Maschinen- und Fahrzeugbau, aber auch die Erzverhüttung und die chemische Produktion. Inzwischen ist der Dienstleistungsbereich zur tragenden Säule der Entwicklung geworden; er stellt den größten Anteil am Bruttoinlandsprodukt. Die wirtschaftlichen Zentren liegen in den großen Städten sowie im nördlichen Böhmen und in Schlesien. Trotz einer verschlechterten gesamtwirtschaftlichen Lage gilt das Land immer noch als eines der führenden Transformationsländer unter den mittel- und osteuropäischen Reformstaaten.

## 2.2 Verfassungsgrundlagen der politischen Ordnung

Die Verfassung vom 16. Dezember 1992, in Kraft seit dem 1. Januar 1993, bekennt sich in ihrer Präambel und ihren ersten Artikeln zur bürgerlich-liberalen Demokratie, zu rechtsstaatlichen Grundsätzen und zu unveräußerlichen Grund- und Menschenrechten, die in einer eigenständigen Charta festgelegt sind[18]. In seinen staatsorganisatorischen Aussagen hat das Grundgesetz deutliche Bezüge zur Verfassung der Tschechoslowakischen Republik der Zwischenkriegszeit.

Die Verfassung der Tschechischen Republik (Verf.) enthält in ihren acht Abschnitten mit insgesamt 113 Artikeln im wesentlichen Regelungen zum Regierungssystem, zur Gerichtsbarkeit und zur Selbstverwaltung von Gemeinden und höheren Gebietseinheiten, die diesen institutionell garantiert wird. Sie sieht ein parlamentarisches Regierungssystem vor. Das Parlament besteht aus zwei Kammern, dem Abgeordnetenhaus und dem Senat. Die Regierung ist allein dem Abgeordnetenhaus politisch verantwortlich. Direktdemokratische Elemente sind in der Verfassung enthalten, bisher aber ohne praktische Bedeutung geblieben. Der Staatspräsident hat außer repräsentativen Funktionen auch einige politische Entscheidungskompetenzen, die vor allem bei der Regierungsbildung relevant sind. Die rechtsprechende Gewalt gliedert sich in das allgemeine Gerichtswesen und die Verfassungsgerichtsbarkeit.

Der umfängliche Katalog der in der Charta zusammen gefassten Rechte und Freiheiten entspricht den Standards westlicher Demokratien. Die unternehmerische Tätigkeit wird grundsätzlich keinen Einschränkungen unterworfen; gewisse Begrenzungen ergeben sich etwa aus dem verpflichtenden Charakter von Privateigentum und aus ökologischen Grundrechten. Von einer sozialen Marktwirtschaft ist an keiner Stelle die Rede.

In der verfassungsrechtlichen Praxis hat das Land insgesamt eine gute Entwicklung genommen. In den Berichten der Europäischen Kommission

---

[18] Es handelt sich um die Charta der Grundrechte und Grundfreiheiten, verabschiedet ebenfalls am 16. 12. 1992, die nach Art. 3 der Verfassung Bestandteil der tschechischen Verfassungsordnung ist.

über die Fortschritte der Tschechischen Republik auf dem Weg zum EU-Beitritt wird immer wieder betont, dass stabile Institutionen aufgebaut worden sind, die Demokratie und Rechtsstaatlichkeit garantieren (vgl. z.B. Europäische Kommission 2001b: 18).

## 2.3  Gesetzgebende Gewalt

### 2.3.1 Abgeordnetenhaus und Senat

Die Konstruktion des parlamentarischen Regierungssystems der Tschechischen Republik steht in der Tradition der tschechoslowakischen Verfassung von 1920. Das Parlament besteht aus zwei Kammern, dem Abgeordnetenhaus (Poslanecká sněmovna) und dem Senat (Senát). Mit der Unabhängigkeit Tschechiens war der Nationalrat der bisherigen tschechischen Teilrepublik zum Abgeordnetenhaus geworden, das gleichzeitig die Funktion des Senats übernahm. Diese Doppelfunktion sah die Verfassung als eine erste Übergangslösung so vor, da es in der Nachkriegs-Tschechoslowakei keinen Senat mehr gegeben hatte und das Verfassungsorgan erst konstituiert werden musste.[19]

Die 200 Mitglieder des Abgeordnetenhauses werden auf vier Jahre, die 81 Senatoren auf sechs Jahre gewählt, wobei alle zwei Jahre jeweils ein Drittel der Senatsmandate zur Neuwahl ansteht (Art. 16 Verf.). In der Regel haben beide Kammern teil am Gesetzgebungsprozess, sie nehmen

---

[19] Bis zur Wahl eines Senats durch die Bevölkerung sollte zunächst noch ein Provisorischer Senat eingesetzt werden, bestehend aus ehemaligen tschechischen Abgeordneten der alten, mit dem Ende der Tschechoslowakei vorzeitig aufgelösten Bundesversammlung . Der angestrebte „Versorgungsakt", von der Verfassung vorgesehen und den Parteien zunächst gewollt, blieb jedoch aus; die gesetzlichen Voraussetzungen für die Einsetzung eines Interims-Senats wurden nicht geschaffen (vgl. Jičínský/Mikule 1995: 58ff.). Vielmehr geriet das Zwei-Kammern-Modell gleich nach Gründung des selbständigen tschechischen Staates grundsätzlich in die Kritik. Es wurden Stimmen laut, die den Senat sofort wieder aus der Verfassung streichen wollten. Als zu teuer, ohne die Gesetzgebung zu verbessern, begründeten die einen ihr Votum für seine Abschaffung. Von anderer Seite wurde er gerade für die Qualität der Gesetzgebungsarbeit als notwendig erachtet (vgl. Pehe 1994: 7ff.). Manchem schien er mit Blick auf die Erfahrungen der Ersten Tschechoslowakischen Republik schlicht überflüssig. Fast vier Jahre waren seit Inkrafttreten der Verfassung vergangen, ehe im November 1996 die ersten Wahlen zum Senat statt fanden.

beide Kontrollfunktionen gegenüber der Exekutive wahr. Die größere politische Bedeutung hat das Abgeordnetenhaus, ihm ist die Regierung politisch verantwortlich. Der Zweiten Kammer kommt vor allem eine Rolle als Instrument des politischen Gleichgewichts zu, als eine Instanz der Machtkontrolle gegenüber dem Abgeordnetenhaus.

Dieses kann unter bestimmten Umständen vom Präsidenten der Republik vorzeitig aufgelöst werden (Art. 35 Verf.). Außerdem kann durch Verfassungsgesetz – mit qualifizierter Zustimmung beider Kammern – eine Verkürzung der (laufenden) Legislaturperiode des Abgeordnetenhauses beschlossen werden; auf diesem Wege ist man im Juni 1998 zu vorgezogenen Neuwahlen gekommen. Ein darüber hinaus gehendes Recht des Hauses auf Selbstauflösung kennt die tschechische Verfassung nicht (vgl. Pavlíček/Hřebejk 1998: 119). Der Senat kann dagegen gar nicht aufgelöst werden.

Ein Abgeordneter oder Senator kann Mitglied der Regierung sein. Er behält sein Mandat, darf dann aber keinem Parlamentsausschuss mehr angehören. Die gleichzeitige Mitgliedschaft in beiden Kammern ist ausgeschlossen. Schließlich sind verschiedene Funktionen wie das Amt des Staatspräsidenten oder die eines Richters mit dem Mandat unvereinbar. Alle Parlamentarier müssen ein Gelöbnis ablegen (anderenfalls erlischt das Mandat), mit dem sie Gesetzestreue und die Ausübung des Mandats im Interesse des ganzen Volkes und nach bestem Wissen und Gewissen geloben. Die Regelungen zur parlamentarischen Immunität und Indemnität entsprechen den allgemeinen Standards in demokratischen Staaten.

Abgeordnetenhaus und Senat kennen keine festgelegten Sitzungsperioden, sondern tagen ständig. Der Vorsitzende des jeweiligen Hauses und seine Stellvertreter werden durch das Plenum gewählt. Zu ihren Aufgaben zählt die Vertretung ihrer Kammer nach außen und die Durchführung der Plenarsitzungen. In beiden Häusern sind die Mandatsträger gleicher parteipolitischer Orientierung in Fraktionen (kluby) organisiert. Die parlamentarische Sacharbeit findet in Ausschüssen, in denen vor allem die Gesetzentwürfe beraten und Beschlussempfehlungen dazu an das Plenum erarbeitet werden, und Kommissionen[20] statt. Eine Reihe von Ausschüssen ist gesetzlich vorgesehen, darüber hinaus sind beide Kammern autonom bei der Einrichtung ihrer Hilfsorgane. Zur Behandlung von Eingaben und Beschwerden aus der Bevölkerung sieht die Geschäftsordnung des Abgeordnetenhauses einen Petitionsausschuss vor. Der Senat ordnet diese Aufgabe einem (anderen) Ausschuss zu. Alle diese Gremien tagen ebenso wie das Plenum in der Regel öffentlich. Dem Prinzip der Öffentlichkeit der Verhandlungen wird nach den Erfahrungen der jüngsten Vergangenheit ein hoher Stellenwert eingeräumt. Für Bürgerinnen und Bürger soll staatliches Handeln transparent sein; sie sollen den Staat kontrollieren können und nicht umgekehrt.

Prinzipiell sind beide Parlamentskammern am Gesetzgebungsprozess beteiligt. Eine gravierende Ausnahme davon ist die Haushaltsgesetzgebung. Sie obliegt allein dem Abgeordnetenhaus; es verhandelt und beschließt den Staatshaushaltsplan, entscheidet damit über die politischen Weichenstellungen, sowie den Haushaltsjahresabschluss ohne Mitwirkung des Senats.

Zur Annahme eines Verfassungsgesetzes[21] oder für die Zustimmung zu internationalen Verträgen über Menschenrechte und Grundfreiheiten (die nach der Verfassung Vorrang vor dem Gesetz haben) ist eine qualifizierte Mehrheit von drei Fünfteln aller Mitglieder des Abgeordnetenhauses, aber nur von drei Fünfteln der anwesenden Senatoren notwendig. Im übrigen reicht in beiden Häusern in der Regel die Mehrheit der anwesenden Parlamentarier für die Annahme eines Beschlusses aus; beide sind jeweils bei Anwesenheit von mindestens einem Drittel der gesetzlichen Mitglieder beschlussfähig.

Gesetzentwürfe werden im Abgeordnetenhaus eingebracht; die Initiative dazu kann von jedem einzelnen Abgeordneten oder einer Gruppe von ihnen, außerdem vom Senat oder der Regierung und schließlich auch von

---

[20] Kommissionen zeichnen sich im Gegensatz zu Ausschüssen dadurch aus, dass zu ihren Mitgliedern auch Parlamentarier der anderen Kammer oder parlamentsfremde Personen gehören können.
[21] Verfassungsgesetze haben einen höheren Bestandsschutz, sie sind nicht durch einfaches Gesetz abänderbar oder aufhebbar.

einer der höheren Selbstverwaltungskörperschaften (Bezirke) ergriffen werden. Für den Regelfall gilt, dass eine Gesetzesvorlage, der das Abgeordnetenhaus zugestimmt hat, an den Senat weiter geleitet wird, der sie billigen, mit Änderungen zurück geben oder ganz ablehnen kann; falls er sich damit gar nicht befassen will oder sich dazu binnen Monatsfrist nicht äußert, ist das Gesetz angenommen. Ein abweichendes Senatsvotum kann das Abgeordnetenhaus mit der Mehrheit seiner gesetzlichen Mitglieder überstimmen und so seinen politischen Willen durchsetzen (Art. 47 Verf.). Ansonsten kommt ein Gesetz durch übereinstimmendes Votum beider Häuser zustande. Besondere Regelungen bestehen bei der Verabschiedung von Verfassungsgesetzen, Wahlgesetzen und einigen Gesetzen mit Geschäftsordnungscharakter. Hierbei ist die Zustimmung beider Kammern zwingend erforderlich; insoweit hat die Verfassung dem Senat eine gleichberechtigte Stellung im Gesetzgebungsprozess verliehen.

Im Falle einer (vorzeitigen) Auflösung des Abgeordnetenhauses fungiert der Senat als Hilfsgesetzgeber im Rahmen des Art. 33 der Verfassung: Er beschließt auf Vorschlag der Regierung Gesetzesmaßnahmen (zákonná opatření) in solchen Angelegenheiten, die keinen Aufschub dulden. Eine derartige Maßnahme muss durch das neu gewählte Abgeordnetenhaus auf seiner ersten Sitzung bestätigt werden, anderenfalls verliert sie ihre Gültigkeit.

In der Wahrnehmung parlamentarischer Kontrollaufgaben ist die Rolle des Abgeordnetenhauses ungleich bedeutsamer als die des Senats. Das folgt zwangsläufig aus der Tatsache, dass die Regierung allein dem Abgeordnetenhaus verantwortlich ist. Die Abgeordneten entscheiden über die Vertrauensfrage der Regierung und können ihr das Misstrauen aussprechen. Zwar sind die Parlamentarier beider Kammern befugt, von Regierung und Verwaltung Informationen zu verlangen, die sie im Rahmen ihrer Mandatsausübung benötigen und die den Zwecken politischer Kontrolle dienen können. Darüber hinaus hat aber nur das Abgeordnetenhaus das Recht der mündlichen oder schriftlichen Interpellation an die Regierung und die einzelnen Ressorts; jeder Abgeordnete kann konkrete Anfragen an sie richten und eine fristgerechte Antwort verlangen. Die Abgeordnetenkammer kann schließlich Untersuchungskommissionen einsetzen, die bestimmte Sachverhalte von öffentlichem Interesse aufzuklären haben. Sie sind mit besonderen Untersuchungsinstrumenten ausgestattet und tagen – entgegen der sonstigen Regel – nichtöffentlich. Grundsätzlich ist jedermann verpflichtet, als Zeuge vor der Kommission auszusagen oder ihr sachdienliche schriftliche Unterlagen vorzulegen. Die Einsetzung einer Untersuchungskommission (nicht ihr Verfahren) ist als Minderheitenrecht ausgestaltet; der Antrag muss von mindestens einem Fünftel aller Abgeordneten unterstützt werden.

Beide Kammern können ihre verfassungsrechtliche und politische Rolle ohne Beeinträchtigung voll wahrnehmen. Die Opposition wird in der Ausübung ihrer parlamentarischen Funktionen in keiner Weise behindert. Ein charakteristischer Zug des Parlamentarismus in der Tschechischen Republik ist die Duldung von Minderheitskabinetten durch die jeweils stärkste Oppositionsfraktion im Abgeordnetenhaus; dafür gibt es bisher zwei Beispiele. Der Verzicht auf eine konsequente Opposition wurde in diesen Fällen mit übergeordneten Interessen der politischen Stabilität begründet. So haben die Sozialdemokraten nach den Wahlen vom Juni 1996 eine bürgerliche Minderheitsregierung unter Führung der Demokratischen Bürgerpartei (ODS) zunächst toleriert, allerdings schon im folgenden Jahr (erfolglos) ihre Ablösung angestrebt. Nach dem Machtwechsel Mitte 1998 wurde zwischen der nunmehr siegreichen Sozialdemokratischen Partei (ČSSD), die allein eine Minderheitsregierung bildete, und der jetzt oppositionellen ODS ein „Oppositionsvertrag" geschlossen, mit dem sich Letztere verpflichtete, während der ganzen Legislaturperiode auf die Einbringung eines Misstrauensantrags gegen die Regierung zu verzichten. Im Gegenzug konnte die ODS wichtige Positionen in beiden Parlamentskammern und in der staatlichen Verwaltung mit ihren Gefolgsleuten besetzen. Unter den obwaltenden Bedingungen war an eine konsequente Oppositionsrolle nicht zu denken. Innenpolitische Kritiker sehen in dieser Vereinbarung, die Anfang des Jahres 2000 noch erweitert wurde, ein Instrument der beiden großen Parteien, die kleineren Parlamentsfraktionen politisch auszuschalten. Vorbehalte haben auch europäische Beobachter geäußert (vgl. Europäische Kommission 1999: 15).

Das Verhältnis zwischen den beiden Kammern ist weitgehend konfliktfrei. Die parteipolitischen Positionen spielen im Senat eine deutlich geringere Rolle. In der Gesetzgebungspraxis macht er von seinen verfassungsrechtlichen Möglichkeiten Gebrauch (vgl. Linek/Šalamounová 2001: 29ff.).

*Graphik 1:* Stufen des Gesetzgebungsprozesses

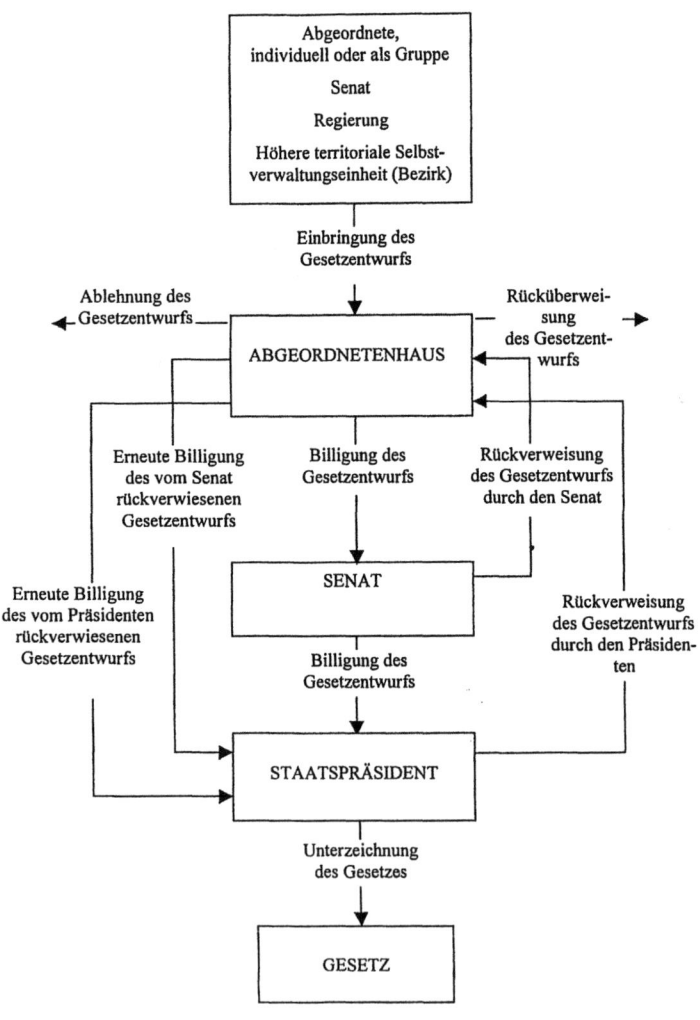

## 2.3.2 Wahlen zum Parlament

Gleich nach der Wende hatte es intensive Debatten um das Wahlrecht in der Republik gegeben. Starke politische Kräfte, unter ihnen der Staatspräsident, hatten sich vergeblich für das Mehrheitsprinzip bei Parlamentswahlen ausgesprochen, um dem Aspekt der Persönlichkeitswahl mehr Gewicht (und weniger dem parteipolitischen) zu geben (vgl. Vodička 1996: 259f.). Man hat sich in der ČSFR für das Verhältniswahlsystem entschieden, das von der tschechischen Verfassung für die Wahlen zum Abgeordnetenhaus übernommen wurde.

Dafür ist das Land in 14 Wahlbezirke aufgeteilt. Eine Sperrklausel sieht vor, dass Parteien 5% der Wählerstimmen landesweit, Wahlkoalitionen bis zu 11% (je nach Anzahl der beteiligten Parteien) erreichen müssen, um bei der Verteilung der Sitze berücksichtigt zu werden.

Für die Wahlen zum Senat schreibt die Verfassung das Mehrheitsprinzip vor. Es gibt dafür landesweit 81 Wahlkreise. Gewählt ist in einem Kreis, wer die absolute Mehrheit der abgegebenen Stimmen auf sich vereinigt. Falls einer zweiter Wahlgang erforderlich wird, treten nur noch die beiden Bestplazierten der ersten Runde gegen einander an.

Wahlrecht und Wahlverfahren für beide Kammern des Parlaments werden im einzelnen im Wahlgesetz von 1995 geregelt, das nur geringfügig novelliert wurde. Eine tiefgreifende Reform war für das Jahr 2002 – zu den Wahlen zum Abgeordnetenhaus – vorgesehen, das Gesetz wurde aber vom Verfassungsgericht weitgehend verworfen.

Aktiv wahlberechtigt sind die Bürgerinnen und Bürger des Landes mit Vollendung des 18. Lebensjahres. Mit 21 Jahren kann man in das Abgeordnetenhaus, mit 40 Jahren in den Senat gewählt werden.

*Tabelle 1:* Ergebnisse der Wahlen zum Abgeordnetenhaus

| Parteien mit mehr als 5% der Stimmen | Wahl 1996 Wahlbeteiligung: 76,4% | | Wahl 1998 Wahlbeteiligung: 74,0% | |
|---|---|---|---|---|
| | Stimmen in % | Mandate | Stimmen in % | Mandate |
| ODS | 29,62 | 68 | 27,74 | 63 |
| ČSSD | 26,44 | 61 | 32,31 | 74 |
| KSČM | 10,33 | 22 | 11,03 | 24 |
| KDU-ČSL | 8,08 | 18 | 9,00 | 20 |
| ODA | 6,36 | 13 | - | - |
| SPR-RSČ | 8,01 | 18 | 3,90 | - |
| US | - | - | 8,60 | 19 |

*Quelle:* www.volby.cz; eigene Zusammenstellung.

*Tabelle 2:* Zusammensetzung des Senats – März 2002

| Partei | Senatoren |
|---|---|
| ODS | 22 |
| ČSSD | 15 |
| KSČM | 3 |
| 4koalice | 39 |
| Unabhängig | 2 |

*Quelle:* www.senat.cz (13. 03. 2002); eigene Zusammenstellung.

| | |
|---|---|
| ČSSD | Česká strana sociálně demokratická (Tschechische Sozialdemokratische Partei) |
| 4koalice | Čtyřkoalice (Viererkoalition (KDU-ČSL, ODA, US, DEU)) |
| KDU-ČSL | Křesťanská a demokratická unie – Československá strana lidová (Christliche und demokratische Union – Tschechoslowakische Volkspartei) |
| KSČM | Komunistická strana Čech a Moravy (Kommunistische Partei Böhmen und Mähren) |
| ODA | Občanská demokratická aliance (Demokratische Bürgerallianz) |

| ODS | Občanská demokratická strana (Demokratische Bürgerpartei) |
| SPR-RSČ | Sdružení pro republiku – Republikánská strana Československa (Vereinigung für die Republik – Republikanische Partei der Tschechoslowakei) |
| US | Unie svobody (Freiheitsunion) |

### 2.3.3 Volksabstimmungen

Für plebiszitäre Entscheidungen bieten die Verfassung (Art. 2 Abs. 2) und die Charta der Grundrechte (Art. 21 Abs. 1) eine Rechtsgrundlage, die aber politisch bisher (auf staatlicher Ebene wie in Angelegenheiten der Selbstverwaltung) keine Bedeutung erlangt hat. Eine wesentliche Ursache dafür dürfte sein, dass es an direkt-demokratischer Erfahrung fehlt. So sah zwar die tschechoslowakische Verfassung von 1920 das Referendum vor – die Regierung konnte sich direkt an die Bevölkerung mit einem Gesetzentwurf wenden, der zuvor auf parlamentarischem Wege gescheitert war –, ein solches Verfahren ist aber nie durchgeführt worden.

Auch nach dem Ende des kommunistischen Regimes blieb man dieser Tradition treu. Die tschechoslowakische Föderalversammlung hat Ende 1992 die Teilung des Staates vollzogen und eine Volksabstimmung dazu abgelehnt.

Andererseits gab es in den vergangenen Jahren eine ganze Reihe von öffentlichen und parlamentarischen Debatten um das Plebiszit. Soweit aus konkretem Anlass die Diskussion um das Für und Wider geführt wurde, ging es um Fragen wie die Reform der öffentlichen Verwaltung, die Inbetriebnahme des Kernkraftwerks Temelín oder den Beitritt des Landes zur Europäischen Union (vgl. Pavlíček u.a. 2001: 217). In der Beitritts-Frage wird voraussichtlich erst Anfang des Jahres 2003 geklärt sein, ob die Entscheidung darüber einer Volksabstimmung unterworfen werden soll.

## 2.4 Vollziehende Gewalt

### 2.4.1 Präsident der Republik

Staatsoberhaupt der Tschechischen Republik ist der Präsident der Republik (Prezident republiky). Er wird von beiden Parlamentskammern in gemeinsamer Sitzung für eine Amtszeit von fünf Jahren gewählt; direkte Wiederwahl ist einmal möglich. Das Wahlverfahren unterliegt den folgenden Regeln (Art. 58 Verf.): Präsident wird, wer die Mehrheit der gesetzlichen Mitglieder sowohl des Abgeordnetenhauses als auch des Senats auf sich vereinigen kann. Hat keiner der Kandidaten die erforderlichen Mehrheiten erreicht, so finden höchstens noch zwei weitere Runden statt, wobei die Anforderungen an das Wahlquorum gegenüber der jeweiligen Vorrunde sinken. Erreicht am Ende keiner der Kandidaten die notwendige Stimmenzahl, wird das Wahlverfahren neu eröffnet. In dem ganzen Regelungswerk spiegeln sich die politischen Konflikte aus dem Jahre 1992 wider, als die Wahl Václav Havels zum (damals noch) tschechoslowakischen Staatspräsidenten in der Föderalversammlung scheiterte und auch kein anderer Kandidat gewählt wurde, so dass für die restlichen Monate der Existenz der Tschechoslowakischen Republik das Präsidentenamt unbesetzt blieb (vgl. Vodička 1996: 371).

Für seine Amtsausübung ist der Staatspräsident grundsätzlich niemandem politisch oder rechtlich verantwortlich. Eine Möglichkeit zur Abwahl ist nicht vorgesehen. Er kann allein wegen Hochverrats – aufgrund einer Anklage des Senats – vom Verfassungsgericht verfolgt werden (Art. 65 Verf.). Das Verfahren hat den Charakter eines impeachment. Im Falle einer Verurteilung ist als Sanktion der Verlust des Präsidentenamtes und das Verbot einer Wiederwahl vorgesehen.

Nach Maßgabe der Verfassung (Art. 62; 63) nimmt der Präsident eine Reihe repräsentativer Aufgaben, die typisch sind für das Amt in einem parlamentarischen Regierungssystem, und verschiedene andere Funktionen wahr. Insgesamt gesehen sind die politischen Machtbefugnisse des tschechischen Staatspräsidenten gering, soweit sie sich aus der Verfassung ergeben. Allerdings „lebt" ein solches Amt auch von der Persönlichkeit des Inhabers. Die Kraft seiner politischen Autorität kann der informellen Gestaltungsmacht breiteren Raum eröffnen.

Die Verfassung legt fest, in welchen Fällen seine Entscheidung der Gegenzeichnung durch den Ministerpräsidenten bzw. ein anderes Kabinettsmitglied bedarf, bevor sie wirksam werden kann; die Regierung trägt dann die politische Verantwortung für das präsidiale Handeln vor dem Abgeordnetenhaus. Der Staatspräsident vertritt die Republik nach außen, verhandelt und ratifiziert internationale Abkommen, die der Gegenzeichnung bedürfen. Von den Kompetenzen, die der Präsident ohne die Mitwirkung eines Regierungsvertreters wahr nimmt, sind folgende hervor zu heben: Er ernennt den Ministerpräsidenten und die weiteren Regierungsmitglieder; er beruft sie ab oder nimmt ihren Rücktritt entgegen. Er kann das Abgeordnetenhaus – nicht jedoch den Senat – vorzeitig auflösen, wenn eine von ihm (unter den Voraussetzungen von Art. 68 Abs. Satz 2 Verf.) ernannte Regierung nicht das Vertrauen der Abgeordneten erhalten hat, es nicht fristgerecht über einen mit der Vertrauensfrage verbundenen Gesetzentwurf der Regierung entscheidet oder bestimmte Fälle der Beschlussunfähigkeit des Hauses vorliegen (Art. 35 Verf.). Es bleibt dem Präsidenten aber unbenommen, durch Gespräche mit den Parteien einen anderen Weg zur Behebung einer politischen Krise zu beschreiten (vgl. Pavlíček/Hřebejk 1998: 167).

Das Staatsoberhaupt hat weiterhin das Recht, ein vom Parlament angenommenes einfaches Gesetz (kein Verfassungsgesetz) zurück zu weisen, um eine Änderung des Gesetzes zu erreichen oder es ganz zu verhindern. Macht er von dieser Möglichkeit Gebrauch, muss er seine Entscheidung begründen, wobei ihn keinerlei inhaltliche Anforderungen einschränken; er kann sich letztlich auch von politischen Gründen leiten lassen (Vgl. Pavlíček/Hřebejk 1998: 193f.). Es handelt sich hierbei um ein suspensives Veto. Das Abgeordnetenhaus allein stimmt erneut über ein zurück gewiesenes Gesetz (Änderungsanträge dazu sind nicht zulässig) ab; wenn es mit der Mehrheit seiner gesetzlichen Mitglieder bestätigt wird, tritt das Gesetz in Kraft (Art. 50 Verf.).

Wenn das Präsidentenamt nicht besetzt ist, oder der Amtsinhaber es aus gravierenden Gründen nicht ausüben kann, gehen weite Teile seiner Kompetenzen auf andere Funktionsträger über. Der Ministerpräsident erhält davon den größten Anteil; der Mitzeichnungsvorbehalt entfällt, dem Regierungschef ist insoweit die alleinige Entscheidung überlassen. Dem Präsidenten des Abgeordnetenhauses oder – falls dieses aufgelöst ist – dem Präsidenten des Senats werden in diesem Fall einige der selbständigen Funktionen des Staatspräsidenten übertragen.

Im Januar 1993 war Václav Havel zum ersten Staatspräsidenten der Tschechischen Republik gewählt worden. Er konnte schon im ersten Wahlgang die notwendige Mehrheit im Abgeordnetenhaus (der Senat existierte noch nicht) erreichen. Die politischen Spannungen zwischen dem Kandidaten und manchen in der regierenden Koalition unter Ministerpräsident Václav Klaus (ODS) hatten jedoch dazu beigetragen, dass das Ergebnis für Havel recht knapp ausfiel. Fünf Jahre später, im Januar 1998, kandidierte er erneut für das Amt, ohne dass ein chancenreicher Gegenkandidat antrat. Havel konnte aber erst im zweiten Wahlgang die erforderliche Mehrheit auf sich vereinigen. Vorbehalte gegen seine Person gab es in der sozialdemokratischen Opposition und auch im bürgerlichen Lager, zumal er sich wenige Wochen zuvor in einer Rede zur Lage der Nation überaus kritisch mit der Regierungspolitik, den Parteien und der gesellschaftlichen Entwicklung in Tschechien auseinander gesetzt hatte. In seinen beiden Amtsperioden als Präsident der Republik hat er sich, nicht ohne den Anspruch moralischer Autorität, immer wieder zu den politischen Problemen seines Landes öffentlich geäußert und klar Stellung bezogen.

Havel hat sich während der kommunistischen Ära als Autor und Dramatiker einen Namen gemacht. Politisch ist er in dieser Zeit als Mitbegründer und Sprecher der Bürgerrechtsbewegung Charta 77 in Erscheinung getreten, er war mehrfach aus politischen Gründen inhaftiert. In den Wochen der Wende im Herbst 1989 war er Symbolfigur der Opposition gegen das Regime und ihr unumstrittener Führer in der Hauptstadt Prag.

## 2.4.2 Regierung und staatliche Verwaltung

Die Regierung (Vláda), das oberste Organ der vollziehenden Gewalt, besteht aus dem Ministerpräsidenten (předseda vlády), seinen Stellvertretern und den Ministern.

Der Präsident der Republik ernennt den Ministerpräsidenten. Es liegt (zunächst) in der Kompetenz des Staatsoberhaupts, wen er mit dem Amt betrauen will; das wird in der Regel der Führer der stärksten Fraktion im Abgeordnetenhaus sein. Die übrigen Mitglieder des Kabinetts werden von ihm auf Vorschlag des Regierungschefs ernannt. Binnen einer Frist von 30 Tagen muss die Regierung um das Vertrauen des Abgeordnetenhauses nachsuchen. Erhält sie es nicht, ernennt der Staatspräsident eine neue Regierung nach dem gleichen Verfahren. Wird auch dieser das Vertrauen verweigert, ernennt er abermals eine neue Regierung, den Ministerpräsidenten nunmehr allerdings auf Vorschlag des Präsidenten der Abgeordnetenkammer (Art. 68 Verf.). Erst wenn die Abgeordneten auch dieser Regierung das Vertrauen versagen, greift das Recht des Präsidenten der Republik zur Auflösung des Abgeordnetenhauses (Art. 35 Verf.).

Abgesehen von dem genannten Fall, in dem die Regierung von Verfassungs wegen die Vertrauensfrage stellen muss, steht es jederzeit in ihrem politischen Ermessen, die Vertrauensfrage zu stellen; die Regierung kann diese auch mit der Entscheidung des Abgeordnetenhauses über einen von ihr eingebrachten Gesetzentwurf verbinden. Der Regierung wird das Vertrauen mit der Mehrheit der anwesenden Mitglieder des Hauses ausgesprochen (§ 85 Geschäftsordnung des Abgeordnetenhauses). Erhält sie diese Mehrheit nicht, muss die gesamte Regierung zurück treten. Aus eigener Initiative kann das Abgeordnetenhaus der Regierung das Misstrauen aussprechen und sie damit zum Rücktritt zwingen. Ein entsprechender Antrag aus seiner Mitte ist erfolgreich, wenn die Mehrheit der gesetzlichen Mitglieder des Hauses ihm zustimmen (Art. 72 Verf.). Einzelne Minister unterliegen nicht dem Vertrauens- bzw. Misstrauensvotum, die Regierung ist nur gemeinschaftlich zur Rechenschaft zu ziehen (vgl. Pavlíček/Hřebejk 1998: 254). Da die Regierung gegenüber dem Senat nicht politisch verantwortlich ist, besteht im Verhältnis beider Verfassungsorgane zueinander für diese Instrumente kein Raum. Adressat zur Lösung einer Regierungskrise, der diese Regelungen dienen sollen, ist allein das Abgeordnetenhauses.

Die Regierung fällt ihre Entscheidungen grundsätzlich kollegial; zur Annahme eines Beschlusses ist die Zustimmung der Mehrheit aller ihrer Mitglieder erforderlich. Der Ministerpräsident organisiert die Tätigkeit der Regierung, leitet deren Sitzungen und tritt in ihrem Namen nach außen auf. Formell steht ihm keine politische Richtlinienkompetenz zu. Allerdings kann der Regierungschef bei der Besetzung der Ministerposten seine Vorstellungen durchsetzen, wenn nicht politische Rücksichten (z.B. auf einen Koalitionspartner) anderes gebieten. An dessen Vorschlag ist der Staatspräsident ebenso gebunden wie an dessen Verlangen, einen Minister abzuberufen (vgl. Pavlíček/Hřebejk 1998: 249).

Zur Durchführung eines Gesetzes und in seinem inhaltlichen Rahmen kann die Regierung Verordnungen erlassen, ohne dass sie dazu konkret durch Gesetz ermächtigt sein muss. Die Verfassung gibt ihr eine generelle Ermächtigung; es bleibt der Regierung überlassen, ob, in welchem Umfang und wann sie eine Verordnung erlassen will. Die einzelnen Ministerien, andere Verwaltungsbehörden und ebenso Behörden der territorialen Selbstverwaltung, soweit sie staatliche Verwaltungstätigkeiten ausüben, sind ebenfalls zum Erlass von untergesetzlichen Rechtsnormen befugt, allerdings unter engeren Voraussetzungen.

Mit dem Ende der Tschechoslowakei war zu Jahresbeginn 1993 die bisherige tschechische Landesregierung unter Ministerpräsident Václav Klaus, dem Vorsitzenden der Demokratischen Bürgerpartei (ODS), die zusammen mit der Christlichen und Demokratischen Union – Tschechoslowakische Volkspartei (KDU-ČSL) und der Demokratischen Bürgerallianz (ODA) eine Koalition gebildet hatte, zur ersten Regierung der unabhängigen Tschechischen Republik geworden. Klaus profilierte sich in seiner politischen Programmatik als Verfechter einer konsequenten Marktwirtschaft „ohne einschränkende Adjektive". In der Praxis hat er sich jedoch nicht nur von seinen neoliberalen Überzeugungen leiten lassen; sein Transformationskurs in der Wirtschaftspolitik war durchaus von sozialen

Erwägungen begleitet. Die Regierung strebte, mit selbstbewusster und kritischer Haltung gegenüber dem Westen, eine möglichst rasche Integration in dessen politische, wirtschaftliche und militärische Strukturen an und war bemüht, die innenpolitischen Voraussetzungen dafür zu schaffen. Die insgesamt erfolgreiche Transformationspolitik – die Tschechische Republik galt in diesen Jahren nicht zuletzt deshalb als eine der ersten Kandidatinnen für den Beitritt zur Europäischen Union – fand in der Bevölkerung ein zwiespältiges Echo, waren ihre sozialen Erwartungen doch weitgehend unbefriedigt geblieben.

Bei den Wahlen zum Abgeordnetenhaus Ende Mai/Anfang Juni 1996 mussten die Regierungsparteien Einbußen hinnehmen. Die konservativ-liberale Koalition von ODS, KDU-ČSL und ODA unter Ministerpräsident Klaus konnte zwar fortgesetzt werden, aber ihr fehlten nun zwei Mandate für die Mehrheit im Hause. Interne Differenzen und vor allem Parteispendenskandale in der ODS und der ODA lähmten sehr bald die Regierungsarbeit und führten Ende 1997 dazu, dass die Koalition zerbrach und der Ministerpräsident seinen Rücktritt erklären musste. Sein Amt übernahm im Januar 1998 der parteilose Bankfachmann Josef Tošovský, dessen Übergangsregierung sich aus Mitgliedern der bisherigen Koalitionsparteien und mehreren Parteilosen zusammen setzte (vgl. Oschlies 1998: 2f.). Die Regierungskrise wurde auf eine Weise gelöst, die Erinnerungen an die „Beamtenkabinette" in der demokratischen Tschechoslowakei der Zwischenkriegszeit weckte.

*Tabelle 3:* Regierungen der Tschechischen Republik

| Ministerpräsident | Partei | Amtszeit | Regierungspartei(en) |
|---|---|---|---|
| V. Klaus | ODS | 7. 1992 – 7. 1996 | ODS, KDU-ČSL, ODA |
| V. Klaus | ODS | 7. 1996 – 1. 1998 | ODS, KDU-ČSL, ODA |
| J. Tošovský | parteilos | 1. 1998 – 7. 1998 | -- |
| M. Zeman | ČSSD | 7. 1998 – | ČSSD |

ČSSD       Česká strana sociálně demokratická (Tschechische Sozialdemokratische Partei)

| KDU-ČSL | Křesťanská a demokratická unie – Československá strana lidová (Christliche und Demokratische Union – Tschechoslowakische Volkspartei) |
| ODA | Občanská demokratická aliance (Demokratische Bürgerallianz) |
| ODS | Občanská demokratická strana (Demokratische Bürgerpartei) |

*Quelle:* Eigene Zusammenstellung

Die im Juni 1998 durchgeführten Neuwahlen zum Abgeordnetenhaus erbrachten wiederum keine klaren Mehrheitsverhältnisse. Die Sozialdemokraten bildeten unter ihrem Parteivorsitzenden Miloš Zeman eine Minderheitsregierung, deren Existenz – nach erfolgloser Suche nach einem Koalitionspartner – durch ein politisches Abkommen mit der stärksten Oppositionspartei, der ODS, gesichert wird, wonach sich diese für die ganze Legislaturperiode zum Verzicht auf ein parlamentarisches Misstrauensvotum gegen die Regierung verpflichtet. Da sich Zeman bei Übernahme der Regierungsverantwortung nur auf 74 der insgesamt 200 Abgeordneten stützen konnte, waren die Bedingungen für die Umsetzung seines politischen Programms von Anbeginn denkbar ungünstig. Der Versuch, durch eine Verfassungsänderung die Verordnungskompetenz der Exekutive und damit ihren Gestaltungsspielraum erheblich zu erweitern, hatte keine Chance auf parlamentarische Zustimmung. Vor allem die wirtschaftlichen Probleme der letzten Jahre mit ihren erheblichen sozialen Auswirkungen haben zu großem Popularitätsverlust für Zeman und die regierenden Sozialdemokraten geführt und den Kommunisten zu unerwartetem Zuspruch verholfen.

Die Errichtung von Ministerien und staatlichen Verwaltungsbehörden sowie die Festlegung ihrer Zuständigkeiten ist gesetzlicher Regelung vorbehalten. Es besteht ein dreigliedriger Verwaltungsaufbau: Auf der oberen staatlichen Ebene sind außer der Ministerialverwaltung verschiedene zentrale Oberbehörden (Statistisches Amt, Kartellamt, Strahlenschutzbehörde etc.), auf der mittleren Staatsebene die Bezirks- und auf der unteren die örtlichen Ämter eingerichtet worden.

Nach dem Ende des kommunistischen Regimes und erneut nach Gründung des selbständigen tschechischen Staates hatte es intensive Debatten
um den Neuaufbau der Staatsverwaltung und ihre Befugnisse gegeben, die
nicht zu befriedigenden Lösungen geführt haben. Bemängelt wird die
Effizienz der staatlichen Verwaltung; sie leidet unter fehlender Qualifika-
tion und Motivation ihrer Mitarbeiter sowie einem schlechten Manage-
ment. Die Leistungsfähigkeit des Apparats wird zudem dadurch beeinträchtigt, dass es Unklarheiten bezüglich der Kompetenzen – auch gegenüber den Selbstverwaltungsorganen – gibt (vgl. Vodička 1997: 102).

Die als notwendig erachtete Reform des öffentlichen Dienstes kommt in
wichtigen Bereichen nur schleppend voran, was gerade bei der Europäischen Kommission auf Kritik gestoßen ist. Sie hat das Fehlen eines besonderen Rechtsrahmens für die öffentlich Bediensteten mit deutlichen
Worten moniert (vgl. Europäische Kommission 2001: 19); die Verabschiedung eines entsprechenden Gesetzes soll in nächster Zukunft erfol-
gen. Außerdem steht eine Reform des administrativen Systems für das
Jahr 2003 an.

### 2.4.3 Kommunale und regionale Selbstverwaltung

Das Territorium der Tschechischen Republik gliedert sich in Gemeinden
(obce) als grundlegende Gebietseinheiten; ihnen steht das Recht der
Selbstverwaltung zu. Höhere Einheiten territorialer Selbstverwaltung bilden die Bezirke (kraje), die erst im Jahre 2000 geschaffen wurden. Das
gesamte Staatsgebiet ist in 14 Bezirke aufgeteilt.[22]

---

22 Der Verfassungsauftrag zur Bildung der höheren Selbstverwaltungseinheiten (Art. 99 Verf.) ist
durch ein Verfassungsgesetz vom Dezember 1997 verwirklicht worden, das erst Anfang Januar 2000
in Kraft getreten ist. Ein erster Versuch war im Abgeordnetenhaus von unterschiedlichen Seiten
kritisiert worden und auf Widerstand gestoßen. Der Konflikt hatte partei- wie regionalpolitische
Ursachen. So bestanden einerseits in der damaligen Regierungskoalition unter Ministerpräsident
Klaus (ODS) generelle Vorbehalte gegen eine Erweiterung der Selbstverwaltung. Andererseits wurden von Abgeordneten aus Mähren (das früher einmal ein eigenes Landesrecht besaß) weitgehende
Forderungen erhoben, die nicht konsensfähig waren. Sie sahen eine Wiederherstellung alter Strukturen und einen – über andere Vorschläge hinaus gehend – grundlegenden Ausbau regionaler Kompetenzen vor (vgl. Vodička 1997: 100f.).

Die Gemeinden nehmen im Rahmen der Selbstverwaltung Aufgaben ihrer örtlichen Gemeinschaft wahr. Darunter fallen solche der öffentlichen Ordnung und der Daseinsvorsorge; sie sind beispielsweise tätig im Bereich der Sozial- und Gesundheitsfürsorge sowie im Schulwesen (vgl. Pavlíček/Hřebejk 1998: 336f.). Die höheren Gebietseinheiten haben Selbstverwaltungsbefugnisse, soweit sie ihnen durch Gesetz ausdrücklich zugewiesen sind. Binnen kurzer Frist haben sie Zuständigkeiten in den Bereichen Regionalentwicklung, Verkehr, Kultur, Umwelt u.a.m. erhalten (vgl. Europäische Kommission 2001: 20). Es gibt Probleme der Kompetenzabgrenzung, hierbei spielen fehlende Erfahrungen in der Selbstverwaltung mit eine erhebliche Rolle.

In Wahrnehmung ihrer Selbstverwaltungsaufgaben können die Kommunen und Bezirke im Rahmen der allgemeinen Gesetze selbständig untergesetzliche Rechtsnormen (Satzungen) erlassen. Ihre Organe führen außerdem staatliche Verwaltungsaufgaben aus, wenn es das Gesetz so vorschreibt (übertragene Aufgaben, Art 105 Verf.). In den Angelegenheiten der Selbstverwaltung übt der Staat eine Rechtsaufsicht aus, er hat die Gesetzmäßigkeit der Entscheidungen zu kontrollieren. In den übertragenen Angelegenheiten haben die übergeordneten staatlichen Behörden dagegen eine weitergehende Aufsicht, die sich auf die gesamte Durchführung der Verwaltungsaufgaben bezieht (Fachaufsicht).

Die Selbstverwaltungskörperschaften bestreiten ihren Finanzbedarf vor allem aus Anteilen des staatlichen Steueraufkommens sowie mit Einnahmen aus eigener Steuer- und Abgabenerhebung. Darüber hinaus erhalten sie Zuschüsse aus dem Staatshaushalt.

In Gemeinden und Bezirken bestehen Vertretungen der Bürgerinnen und Bürger, die von der ansässigen Bevölkerung direkt gewählt werden. Die Vertretungen wählen aus ihrer Mitte den Bürgermeister (Starosta) bzw. Bezirksvorsteher (Hejtman), der die Gebietskörperschaft nach außen vertritt und ihre Verwaltungsbehörden leitet. Die Amtszeit dieser Selbstverwaltungsorgane beträgt vier Jahre.

In der Bevölkerung scheint wenig Interesse an der demokratischen Selbstverwaltung zu bestehen. Der (kaum wahr genommene) Wahlkampf zu den Gemeinde- und Bezirksvertretungen ist nicht auf lokale oder regionale Themen zentriert, und die Wahlbeteiligung ist niedrig: Sie lag bei den Kommunalwahlen im November 1994 bei gut 62% und sank vier Jahre später auf 46%. Noch schwächer ist die Beteiligung an den ersten Bezirkswahlen im November 2000 ausgefallen. Im Landesdurchschnitt hat daran rund ein Drittel der Wählerschaft teilgenommen. Relativ erfolgreich sind unabhängige Kandidatinnen und Kandidaten gewesen, namentlich in ländlichen Gebieten. Die etablierten Parteien, deren örtliche und regionale Strukturen sich nur langsam entwickeln, haben in den größeren Städten Erfolge aufzuweisen.

Die Bürgerinnen und Bürger können sich darüber hinaus direkt an der Selbstverwaltung durch lokale und regionale Volksabstimmungen beteiligen. Für die politische Praxis hat das Plebiszit bisher keine Bedeutung.

## 2.5 Rechtsprechende Gewalt

### 2.5.1 Gerichte und Staatsanwaltschaft

Das allgemeine Gerichtswesen, von dem die Verfassungsgerichtsbarkeit zu trennen ist, kennt Kreis- und Bezirksgerichte, zwei Obergerichte und schließlich den Obersten Gerichtshof. Es bildet ein durch Zuständigkeiten und Instanzenzüge definiertes hierarchisches System. Der Rechtsprechung der bestehenden Gerichte unterliegen alle Rechtsgebiete. Gesonderte Gerichte für beispielsweise Arbeits-, Sozial- oder Finanzangelegenheiten gibt es nicht. Teilweise sind an den Gerichten besondere Kammern für Verwaltungsstreitigkeiten gebildet worden, denen die Überprüfung von Entscheidungen der Verwaltung obliegt. Die Verfassung sieht ein Oberstes Verwaltungsgericht vor; der Verfassungsauftrag ist jedoch bisher noch nicht realisiert worden. Die Militärgerichte wurden Ende 1993 abgeschafft.

Die Richter werden vom Präsidenten der Republik mit Gegenzeichnung eines Regierungsmitglieds (in der Regel des Justizministers) auf Lebenszeit ernannt. Sie sind in der Ausübung ihres Amtes unabhängig und nur an das Gesetz gebunden. Der Justizminister kann einen Richter in gesetzlich bestimmten Ausnahmefällen gegen seinen Willen abberufen oder an ein anderes Gericht versetzen.

Die Gerichte sind in ihrer Leistungsfähigkeit beschränkt und stark überlastet. Bei den Verfahren kommt es zu erheblichen zeitlichen Verzögerungen. Das Verfassungsgericht hat das in einer Entscheidung vom November 1998 gerügt und fest gestellt, dass der Staat für die daraus entstandenen Schäden ersatzpflichtig ist (vgl. Europäische Kommission 1999: 16).

Die Staatsanwaltschaft hat in erster Linie die öffentliche Anklage im gerichtlichen Strafverfahren zu vertreten. Ihr können aber auch andere Aufgaben durch Gesetz übertragen werden. Verfassungssystematisch ist die Staatsanwaltschaft zusammen mit der Regierung der „Ausführenden Gewalt" zugeordnet (Art. 80 Verf.), sie ist jedoch ihrer (Haupt-) Funktion entsprechend der Justizorganisation angeschlossen.

## 2.5.2 Verfassungsgerichtsbarkeit

Der Kontrolle der Verfassungsmäßigkeit staatlichen Handelns dient die Verfassungsgerichtsbarkeit. In ihrer heutigen Ausgestaltung ist sie ohne nennenswerte Tradition in der früheren Tschechoslowakei (vgl. Pavlíček/ Hřebejk/Zoubek 1999: 221 ff.). Das Verfassungsgericht besteht aus 15 Richtern, die vom Präsidenten der Republik mit Zustimmung des Senats für eine Amtszeit von zehn Jahren ernannt werden. Ihre erneute Ernennung ist möglich.

Die Verfassung enthält einen Katalog von Zuständigkeiten, zu denen folgende gehören (Art. 87 Verf.): Das Gericht hebt Rechtsnormen auf, die in Widerspruch zu höherrangigem Recht (einschließlich verbindlicher internationaler Verträge über Menschenrechte und Grundfreiheiten) stehen. Es entscheidet über individuelle Verfassungsbeschwerden wegen der (behaupteten) Verletzung von Grundrechten oder über solche von Organen der territorialen Selbstverwaltung wegen rechtswidriger Eingriffe des Staates. Es ist grundsätzlich auch dafür zuständig, Streitigkeiten über den Umfang der Kompetenzen von Organen des Staates und der territorialen Selbstverwaltungskörperschaften zu entscheiden. Erwähnenswert ist zudem seine Kompetenz, die Rechtmäßigkeit von Entscheidungen des Obersten Gerichtshofs zu den politischen Parteien (bezüglich rechtswidriger Aktivitäten oder auch ihrer Auflösung) zu überprüfen. Es ist schließlich zuständig für die konkrete Normenkontrolle (Art. 95 Verf.): Wenn ein beliebiges Gericht in einem anhängigen Verfahren zu der Auffassung gelangt, ein anzuwendendes (einfaches) Gesetz stehe in Widerspruch zur Verfassung oder einem sonstigen Verfassungsgesetz, unterbricht es das Verfahren und legt die Rechtsfrage dem Verfassungsgericht zur Entscheidung vor.

Das tschechische Verfassungsgericht, das mit keiner Sanktionsgewalt zur Durchsetzung seiner Entscheidungen ausgestattet ist, verfügt über Autorität als Organ der Rechtsprechung und ist gesellschaftlich anerkannt. Auch kontroverse Urteile haben daran keinen Zweifel aufkommen lassen, so dass es seine Funktion im politischen System voll wahr nehmen kann.

## 2.6 Bürgerbeauftragter

Zum Schutz der Grundrechte der Bürgerinnen und Bürger gegenüber der Verwaltung ist das Amt eines ombudsman (Veřejný ochránce práv) durch Gesetz vom Dezember 1999 geschaffen worden. Er kann auf Antrag oder aus eigener Initiative bei Dienststellen der öffentlichen Verwaltung (einschließlich der Armee) ermitteln und bei Rechtsverstößen gegenüber den zuständigen Behörden auf Abhilfe drängen. Der Bürgerbeauftragte wird auf sechs Jahre vom Abgeordnetenhaus gewählt, dem gegenüber er auch in seiner Tätigkeit verantwortlich ist.

Die junge Institution, die in Tschechien keine Tradition hat, findet bisher noch keine große Zustimmung in der Bevölkerung. Nach einer repräsentativen Befragung vom Januar 2001 äußerten sich 44% positiv zu om-

budsman als einer unabhängigen und zusätzlichen Instanz für den Rechtsschutz neben Polizei und Justiz (vgl. Červenka 2001: 1).

*Graphik 2:* Staatsorganisation der Tschechischen Republik

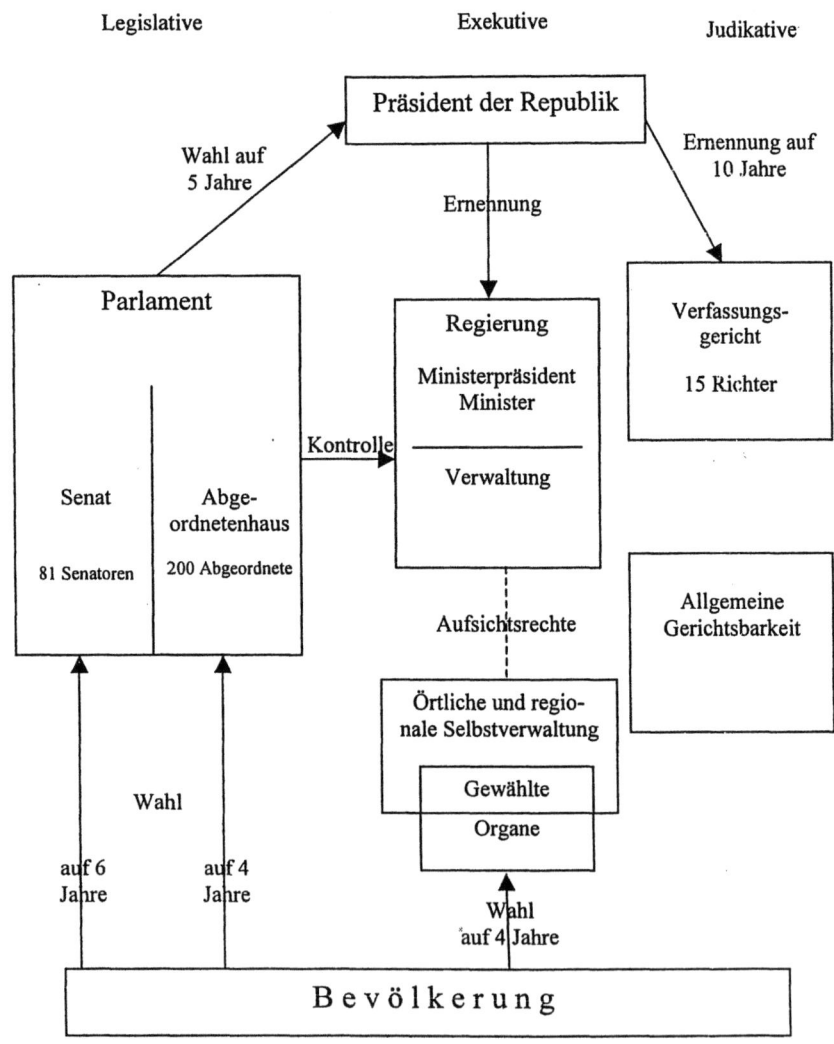

## 2.6 Gesellschaftliche Organisationen politischer Teilhabe

### 2.6.1 Politische Parteien

#### 2.6.1.1 Vorbemerkungen

Hatte sich in Polen und Ungarn der Zusammenbruch des Staatssozialismus in einem längerfristigen Prozess vollzogen, so war es in der Tschechoslowakei nahezu unvermittelt zu einer Implosion des politischen Systems binnen weniger Wochen gekommen, die den Weg ebenso plötzlich frei machte für ein breites Spektrum politischer Organisationen.

Die Parteien des alten Regimes bestanden nach der Wende fort. Neben der Kommunistischen Partei, die sich neu organisierte, gab es noch die tschechischen Blockparteien aus der kommunistischen Zeit – die Tschechoslowakische Sozialistische Partei (ČSS) und die Tschechoslowakische Volkspartei (ČSL) –, die beide eine politische Neuorientierung suchten. Einige Parteien der Vorkriegszeit konstituierten sich neu. Zu ihnen gehörten die Sozialdemokratie, die sich zu einer der großen Parteien der neuen Republik entwickelte, und die Agrarpartei – die bedeutendste Partei in der Zwischenkriegszeit –, die unter den veränderten Verhältnissen erfolglos blieb und nach wenigen Jahren von der politischen Bühne verschwand. Vor allem aber entstanden in den Wochen des Umschwungs und zu Beginn der neunziger Jahre viele neue Parteien, und auch der Zerfall des Bürgerforums Anfang 1991 mündete in die Gründung von Programmparteien mit unterschiedlicher politischer Ausrichtung.[23]

Die abrupt in Gang gebrachte Gründungsphase von Parteien wurde sehr bald begleitet von tiefgreifenden Differenzierungs- und Polarisierungsprozessen. Unmittelbar nach der Wende bestand die alles beherrschende Trennlinie zwischen Kommunismus und Antikommunismus. Nach der

---

[23] Eine Reihe von Parteien organisierte sich gesamtstaatlich und trat bei den Parlamentswahlen 1990 bzw. 1992 in Böhmen und Mähren sowie in der Slowakei an. Keine der Parteien konnte in beiden Staatsteilen zu einer einflussreichen politischen Größe werden, was sich auf die gesamtstaatliche Integration negativ auswirken musste. Das Elektorat dafür fehlte, das in der Ersten Tschechoslowakischen Republik noch vorhanden war (vgl. Brokl/Mansfeldová 1995: 134ff.).

„Abwahl" des alten Regimes mit den Wahlen zur Föderalversammlung im Juni 1990 mussten sich die Parteien mit Sachprogrammen positionieren, musste in Regierungsämtern auf gesamtstaatlicher und national-tschechischer Ebene politische Verantwortung übernommen werden. Es kam zu Spaltungen, mehrere (Teil-)Parteien schlossen sich zusammen, manche lösten sich ganz auf. Bezeichnend dafür war die politische Entwicklung in den Reihen der Föderalversammlung. Neun Parteien waren 1990 in das Parlament eingezogen, die sich im Laufe der zweijährigen Wahlperiode in 27 verschiedene Fraktionen und Gruppierungen aufsplitterten (vgl. Vodička 1997: 98f. mwN.). Auch nach der Teilung der Tschechoslowakei setzten sich die Fragmentierungsprozesse in abgeschwächter Form noch fort. In den letzten Jahren ist es nun zu einer Konsolidierung des tschechischen Parteiensystems gekommen.

Die gesellschaftlichen Konfliktlinien, die das Parteiensystem wesentlich konturieren, entsprechen weitgehend denen in westeuropäischen Ländern. Aufgrund seiner geopolitischen Lage, mit seiner kulturellen Prägung und sozio-ökonomischen Entwicklung steht Tschechien historisch in dieser Tradition, zu der man nach 1989 zurück gekehrt ist. Folglich dominieren in Böhmen und Mähren im Gegensatz zur Slowakei (und anderen östlichen Ländern) die ökonomischen Konfliktlinien der industriellen Moderne.

## 2.6.1.2 Parteien im Überblick

Die nachfolgende Darstellung der tschechischen Parteien beschränkt sich auf jene, die dadurch politische Bedeutung erlangt haben, dass sie parlamentarisch im Abgeordnetenhaus vertreten sind bzw. waren. Sie repräsentieren die traditionellen politischen Strömungen des westlichen Europa (zu den Parteien insgesamt vgl. Kunc 2000: 210ff.; Vodička 1997: 95ff.).

### Demokratische Bürgerpartei

Die Demokratische Bürgerpartei, ODS (Občanská demokratická strana), gehört zu den großen politischen Parteien der Tschechischen Republik.

Sie bildete sich im Februar 1991 aus dem starken rechten Flügel des tschechischen Bürgerforums heraus und wurde wenige Wochen später offiziell gegründet. Durch den Zusammenschluss mit der kleinen Christlich-Demokratischen Partei im Frühjahr 1996, mit der sie zunächst durch eine Wahlkoalition verbunden war, konnte die von bürgerlichen Schichten getragene Partei ihre politische Basis verstärken. Eine Affäre um Parteispenden führte die ODS Ende 1997 in eine tiefe Krise, in deren Verlauf eine große Zahl von Mitgliedern die Partei verließ und eine neue, die Freiheitsunion, gründete.

Programmatisch steht die ODS in der Tradition des tschechischen und europäischen Konservativismus. Sie hat sich für eine konsequente freie Marktwirtschaft („ohne einschränkende Adjektive") und ihre schnelle Umsetzung in Tschechien eingesetzt. In ihrer Politik als führender Regierungspartei hat sie sich jedoch zu einem pragmatischen Kurs verstanden und die sozialen Belange der großen Masse der Bevölkerung berücksichtigt. Außenpolitisch war sie stets eine Verfechterin des NATO-Beitritts Tschechiens und prinzipiell auch der Zugehörigkeit des Landes zur Europäischen Union.

Die ODS war seit den Wahlen vom Juni 1992 Regierungspartei; sie verlor diese Position schließlich infolge des Spendenskandals der Partei. Ihr Vorsitzender Václav Klaus bekleidete das Amt des Ministerpräsidenten bis zum Jahresanfang 1998. An der folgenden kurzzeitigen Übergangsregierung unter dem parteilosen Josef Tošovský war die ODS mit mehreren Ministern (wie auch die anderen Parteien der bisherigen Regierungskoalition) beteiligt.

*Sozialdemokratische Partei*

Die Tschechische Sozialdemokratische Partei, ČSSD (Česká strana sociálně demokratická), ist die älteste unter den tschechischen Parteien. Sie geht zurück auf die im Jahre 1878 – als autonome Organisation innerhalb der Österreichischen Sozialdemokratischen Partei – gegründete Tschechoslowakische Sozialdemokratische Arbeiterpartei. In ihren Reihen finden sich heute auch ehemalige Reformkommunisten des „Prager Frühlings" und andere frühere Mitglieder der Kommunistischen Partei.

Programmatisch vertritt die ČSSD die Konzeption einer sozialen Marktwirtschaft. Sie bejaht weitreichende sozialpolitische Interventionen und die Möglichkeit regulierender Eingriffe des Staates in die Wirtschaft. In der Außenpolitik hat sie sich klar für die Westorientierung entschieden und befürwortet die Mitgliedschaft des Landes in der NATO und der EU.

Die Sozialdemokraten fanden in den ersten Jahren nach der Wende nur wenig Zustimmung in der Bevölkerung. Erst mit den Wahlen zum Abgeordnetenhaus 1996, die der Partei viele Stimmen aus sozial abgestiegenen oder von (weiterem) Abstieg bedrohten Schichten zuführten, entwickelte sich die ČSSD zu einer der großen Parteien und führenden politischen Kraft in der Ersten Kammer. Nach den erfolgreichen Wahlen im Juni 1998 hat sie eine Minderheitsregierung ohne Koalitionspartner unter ihrem damaligen Parteivorsitzenden Miloš Zeman (Nachfolger wurde Vladimír Špidla) als Ministerpräsidenten gebildet, die über die ganze vierjährige Legislaturperiode Bestand hatte.

*Christliche und Demokratische Union – Volkspartei*

Die Partei Christliche und Demokratische Union – Tschechoslowakische Volkspartei, KDU – ČSL (Křest'anská a demokratická unie – Československá strana lidová), ist im März 1992 durch den Zusammenschluss zweier Parteien entstanden: Die Christliche und Demokratische Union war als eine Vereinigung von politischen Parteien und einzelnen Gruppierungen eine Schöpfung der Nach-Wende-Zeit. Die Tschechoslowakische Volkspartei dagegen hat ihre Wurzeln in der demokratischen Tschechoslowakei der Zwischenkriegszeit und war eine der Blockparteien in der Nationalen Front.

Die KDU-ČSL stellt eine Partei der rechten Mitte dar. Programmatisch orientiert sie sich an christlichen Werten und vertritt Positionen einer sozialen Marktwirtschaft. Verfassungspolitisch hat sie sich für die Wiederherstellung der historischen Länder Böhmen, Mähren und Schlesien eingesetzt. Ihre Wählerschaft konzentriert sich auf das ländliche katholische Milieu.

Die Partei war als Koalitionspartner zusammen mit der ODA und der führenden ODS an der ersten Regierung der selbständigen Republik beteiligt. Das Regierungsbündnis wurde nach den Wahlen im Jahre 1996 fort gesetzt und zerfiel im Zuge der ODS-Parteispendenaffäre Ende 1997. Im Abgeordnetenhaus steht die KDU-ČSL seit den Wahlen von 1998 in den Reihen der bürgerlichen Opposition. Im Rahmen eines Wahlbündnisses von vier Parteien[24] hat sie sich an den Wahlen zum Senat beteiligt und ist dort mit zahlreichen Mandatsträgern vertreten.

*Demokratische Bürgerallianz*

Die Demokratische Bürgerallianz, ODA (Občanská demokratická aliance), wurde in den dramatischen Wochen der Wende im Dezember 1989 gegründet. Es handelt sich um eine konservative Partei, die sich vor allem an intellektuelle Kreise wenden will. Zu den Kernaussagen ihres Programms gehört das Eintreten für Rechtsstaatlichkeit, parlamentarische Demokratie und starke Selbstverwaltungskörperschaften. Wirtschaftspolitisch vertritt sie neoliberale Positionen.

1997 geriet die Partei in eine schwere Krise. Sie fiel zusammen mit dem Ende der langjährigen, ODS-geführten Koalitionsregierungen, denen die ODA seit Juli 1992 angehört hatte. Zahlreiche Mitglieder unter Einschluss von Führungspersönlichkeiten verließen nun die Allianz; ein Teil von ihnen gründete eine neue konservative Partei, die aber bedeutungslos blieb. Zu den Wahlen zum Abgeordnetenhaus im Juni 1998 kandidierte die ODA nicht. An den Senatswahlen im Herbst 1998 und 2000 hat sie als Mitglied der „Viererkoalition" teilgenommen und Mandate errungen.

---

[24] Das Wahlbündnis, als „Viererkoalition" bezeichnet, wurde im Sommer 1998 vor den anstehenden Senatswahlen geschlossen. Es umfasste die Parteien KDU-ČSL, ODA, US und die weit rechts orientierte, parlamentarisch unbedeutende Demokratische Union (DEU). Die Koalition trat nur zu Senatswahlen an und hat dabei große Erfolge erzielt. Nach dem Zusammenschluss von US und DEU und dem Ausscheiden der ODA besteht seit Anfang 2002 nur noch eine „Zweierkoalition".

*Freiheitsunion (- Demokratische Union)*

Wegen der Spendenaffäre im Jahre 1997 hatten zahlreiche ODS-Mitglieder die Partei verlassen; aus ihren Reihen wurde im Februar 1998 die Freiheitsunion, US (Unie svobody), als neue konservative Partei gegründet, die sich programmatisch von der ODS nicht wesentlich unterscheidet. Den Gründungsmitgliedern ging es in Ansehung des „Spendensumpfes", und des Umgangs der ODS damit, vor allem um ein anderes Verständnis von politischer Verantwortung. Die großen Erwartungen – fast die Hälfte der bisherigen ODS-Abgeordneten bildeten nun die US-Fraktion im Abgeordnetenhaus – konnten bei den anstehenden Wahlen zur Ersten Kammer, nur wenige Monate nach der Gründung, nicht erfüllt werden. Die Partei stellt dort in der seit 1998 laufenden Legislaturperiode die kleinste Fraktion. Bei Senatswahlen konnte sich die Freiheitsunion im Rahmen der „Viererkoalition" mit mehreren Kandidaten durchsetzen. Im Januar 2002 hat sie mit der kleinen, am rechten Rand des demokratischen Spektrums stehenden Demokratischen Union, DEU (Demokratická unie), zur US-DEU fusioniert.

*Kommunistische Partei*

Im März 1990 wurde die Kommunistische Partei Böhmens und Mährens, KSČM (Komunistická strana Čech a Moravy), gegründet, zunächst noch als tschechische Regionalorganisation (neben der slowakischen) der alten, nunmehr föderalisierten Kommunistischen Partei der Tschechoslowakei (KSČ). Im Gegensatz zu anderen Kommunistischen Parteien Mitteleuropas hat die KSČM keine grundlegende politische Neuorientierung nach der Wende vollzogen. Nach parteiinternem Richtungsstreit Anfang der neunziger Jahre haben sich schließlich die Vertreter des marxistisch-leninistischen Flügels vollständig durchgesetzt.

Die Partei strebt eine sozialistische und letztlich auch kommunistische Ordnung an. In Abkehr vom Realsozialismus der Zeit vor dem Herbst 1989 sollen ein demokratisches Wirtschaftssystem und eine sozialistische Marktwirtschaft zu den gesellschaftlichen Fundamenten gehören. Sie spricht sich strikt gegen eine NATO-Zugehörigkeit der Tschechischen

Republik aus und hat logischerweise auch gegen eine EU-Mitgliedschaft des Landes erhebliche Vorbehalte.

Die Kommunistische Partei verfügt über eine von der KSČ übernommene flächendeckende Organisationsstruktur und hat mit über 100.000 Mitgliedern eine größere Mitgliederschaft als alle anderen tschechischen Parteien zusammen. Die nachhaltigen sozialen Probleme vieler Menschen (Arbeitnehmer, Rentner, Familien) – unter einer von Sozialdemokraten verantworteten Regierungspolitik – und außenpolitische Entwicklungen (Kosovo-Krieg etc.) haben der KSČM wachsende Zustimmung gebracht und ihre Wahlchancen verbessert (vgl. Lang 1999).

In beiden Kammern des Parlaments ist sie durch Mandatsträger vertreten. Alle anderen Parlamentsparteien lehnen (bisher) eine Regierungskoalition mit den Kommunisten ab.

*Republikaner*

Zur extremen Rechten zählt die Vereinigung für die Republik – Republikanische Partei der Tschechoslowakei, SPR-RSČ (Sdružení pro republiku – Republikánská strana Československa), die seit Dezember 1989 existiert. Die Partei spricht sich in ihrem Programm für Demokratie und Wahrung der Bürgerrechte aus. Sie erhebt die Forderung nach einem gemeinsamen Staat mit der Slowakei und der Karpatho-Ukraine (bis März 1939 Teil der Tschechoslowakei) auf föderativer Grundlage. Faktisch hat sie stark nationalistische und auch rassistische Züge. Die Partei ist inzwischen politisch und organisatorisch in Auflösung. Eine Nachfolgerin gibt es schon, deren Zukunftschancen offen sind.

Die Republikaner waren in den ersten Jahren der selbständigen Republik im Abgeordnetenhaus vertreten, scheiterten dann bei den Wahlen 1998 an der 5%-Hürde. Bei Senatswahlen sind sie erfolglos geblieben.

## 2.6.2 Verbände / Interessengruppen

Auf der Charta der Grundrechte und Grundfreiheiten vom Dezember 1992 basiert die Vereinigungsfreiheit. In Art. 20 der Charta ist das Recht zur Bildung von Vereinigungen allgemein und umfassend enthalten; ihr Art. 27 schreibt gesondert das Recht fest, dass sich jeder zum Schutz seiner wirtschaftlichen oder sozialen Interessen mit anderen zusammen schließen kann.

Nach der Wende fehlte zunächst ein funktionierendes System von Interessenverbänden; vielfach haben politische Parteien ihre Rolle übernommen (vgl. Mansfeldová 1994: 99). Auf dem Boden der sich entwickelnden pluralen Gesellschaft ging mit der Transformation der bisherigen Planwirtschaft in eine Marktwirtschaft auch der Aufbau einer politisch wirksamen Verbändestruktur einher.

Wie in anderen postkommunistischen Ländern auch besteht in der Tschechischen Republik ein institutionalisiertes Forum der Zusammenarbeit zwischen Staat, Wirtschafts- und Arbeitgeberverbänden sowie Gewerkschaften, das die Harmonisierung von Interessengegensätzen zum Zweck hat: Der Rat für den Dialog der Sozialpartner RDSP (Rada pro dialog sociálních partnerů). Beteiligt sind die Regierung für die staatliche Seite, die Konföderation der Arbeitgeber- und Unternehmerverbände KZPS (Konfederace zaměstnavatelských a podnikatelských svazů), der Verband für Industrie und Verkehr SP (Svaz průmyslu a dopravy) sowie die Assoziation der Genossenschaften DA (Družstevní asociace) als Vertretung der Unternehmerschaft und schließlich der Gewerkschaftsverband ČMKOS (Českomoravská komora odborových svazů) sowie die Konföderation der Kunst und Kultur KUK (Konfederace umění a kultury) für die Arbeitnehmerinnen und Arbeitnehmer. Alle drei beteiligten Seiten sind gleichberechtigt. Die Beschlüsse des Rates sind rechtlich nicht verbindlich, wohl aber sollen sie breite politische Wirkung entfalten. Entsprechende Gremien wurden auch regional eingerichtet.

Die beteiligten Akteure haben in den ersten Jahren nach der politischen Wende einen jährlichen Generalvertrag geschlossen, der die relevanten

Zielsetzungen auf ökonomischem und sozialem Gebiet für die ganze Republik definierte und den Tarifvertragsparteien für ihre konkreten Verhandlungen als Grundlage diente. In den letzten Jahren konnte der notwendige Konsens für die Unterzeichnung eines Generalvertrags nicht mehr hergestellt werden. Dennoch hat der Dialograt als Forum der beteiligten Sozialpartner funktionale Bedeutung behalten. An der Gesetzgebung ist er durch seine Ständigen Arbeitskommissionen beteiligt, denen die einschlägigen Gesetzentwürfe zur Stellungnahme vorgelegt werden. Inzwischen haben die Tarifpartner Erfahrungen gesammelt und sind selbstbewusster geworden. Der Gewerkschaftsverband ČMKOS, der aus der früheren kommunistischen Gewerkschaftsbewegung der Tschechoslowakei hervor gegangen ist, hat seine Vertrauensbasis in der Bevölkerung verbessern können und tritt entsprechend gestärkt auf. Viele wirtschafts- und sozialpolitische Fragen werden inzwischen woanders, im direkten Kontakt mit den staatlichen Entscheidungsträgern erörtert und entschieden (vgl. Mansfeldová 1997: 107ff.).

Neben den Verbänden, die in dieser Weise (neo-) korporatistisch eingebunden sind, gibt es eine Vielzahl anderer Interessengruppen und vergleichbarer Institutionen, die zugunsten ihrer Mitglieder Einfluss auf politische Entscheidungsprozesse nehmen wollen. Hier sind die Berufskammern zu nennen; die Mitgliedschaft in ihnen ist für bestimmte freie Berufe obligatorisch. Darüber hinaus gibt es zahlreiche Berufsverbände (ohne zwingende Mitgliedschaft) und schließlich die Wirtschaftskammer sowie die Agrarkammer, die beide ein breites Spektrum von Berufs- und Wirtschaftsinteressen repräsentieren und mitgliederstark sind. Dazu gehören aber auch die Vereine und Organisationen aus dem Kultur- und Sportbereich, soweit sie sich am politischen Lobbyismus auf kommunaler, regionaler oder staatlicher Ebene beteiligen.

## 2.7 Aspekte der politischen Kultur

Mit dem Konzept der politischen Kultur wird die subjektive Dimension der Politik angesprochen. Gemeint sind damit die auf Politik bezogenen Einstellungen und Wertvorstellungen sowie das politische Verhalten der

Menschen oder ihr Verhältnis zum politischen Regime. Zu ihren Kernproblemen gehört die Frage nach der grundlegenden Einstellung zu einer bestimmten politischen Ordnung, nach der Legitimität des politischen Systems und seinen institutionellen Strukturen.

Nach dem raschen, faktisch widerstandslosen Zusammenbruch des realsozialistischen Systems der Tschechoslowakei im Herbst 1989 und dem Übergang zu einer demokratischen und marktwirtschaftlichen Ordnung waren die Vor- und Nachteile der neuen Zeit bald spürbar geworden: Den gewonnenen Möglichkeiten politischer wie ökonomischer Betätigung und dem Ende des Gütermangels standen zunehmende Arbeitslosigkeit, Verarmung, Verlust an Orientierung und sozialer Sicherheit gegenüber. Die sozio-ökonomischen Lebensbedingungen bleiben nicht ohne Einfluss auf Demokratie- und Systemzufriedenheit, andererseits darf dieser Aspekt nicht überbewertet werden. Ausschlag gebend ist das Vertrauen in die Fähigkeit der politischen Eliten zum politischen Handeln. Unzufriedenheit mit den Akteuren der Politik in den postkommunistischen Ländern hat Unzufriedenheit mit dem demokratischen System zur Folge (vgl. Jacobs/ Müller/Pickel 2000: 26ff.).

Die prinzipielle Zustimmung zur Demokratie und zum politischen System der Tschechischen Republik in den ersten Jahren nach der Wende liegt fast durchgängig über 70%; allerdings zeugen die Daten von einem fortschreitenden Prozess der Relativierung.

*Tabelle 4:* Demokratie- und Systemzufriedenheit, 1990 bis 1995

| Was würden Sie im allgemeinen zur Demokratie in der Tschechischen Republik und zum ganzen politischen System sagen? Sind Sie damit...? (Antworten in %) | | | | |
|---|---|---|---|---|
| | 1990 | 1992 | 1994 | 1995 |
| zufrieden | 14 | 4 | 3 | 2 |
| einigermaßen zufrieden | 60 | 69 | 59 | 72 |
| nicht zufrieden | 19 | 26 | 37 | 25 |
| keine Angabe | 7 | 1 | 1 | 1 |

*Quelle:* Plasser, Fritz/Ulram, Peter A./Waldrauch, Harald: Politischer Kulturwandel in Ost-Mitteleuropa, Opladen 1997, S. 110.

Eine vergleichende Studie aus dem Jahre 1998 weist für die Tschechische Republik eine Zustimmung von 88% zum demokratischen Prinzip aus, womit sie nach dieser Untersuchung einen mittleren Wert gegenüber anderen postkommunistischen Ländern Mittel- und Südosteuropas einnimmt (vgl. Brokl/Mansfeldová 2002).

In ihrer Mehrheit verstehen die Tschechen, wie auch die Slowaken, unter Demokratie konzeptionell die Gewährleistung von individueller Freiheit (58% bzw. 59%), in geringerem Umfang von Rechtsstaatlichkeit und Partizipationschancen. Soziale Gesichtspunkte wie soziale Gerechtigkeit haben für ihr Verständnis (im Gegensatz zu Polen und Ungarn) faktisch keine Bedeutung (vgl. Plasser/Ulram/Waldrauch 1997: 101). Offenbar haben die Sozialisationserfahrungen mit der sozialistischen Demokratie der Tschechoslowakei, für die normativ die sozio-ökonomischen Interessen und Bedürfnisse der breiten Bevölkerung als ein zentrales Anliegen galt, insoweit keine nachhaltigen Spuren in den beiden Nachfolgestaaten hinterlassen. Die materiellen und sozialen Defizite der postkommunistischen Gesellschaft werden hier generell nicht als ein Mangel der Demokratie gesehen.

Ein wichtiger Aspekt politischer Kultur ist das Vertrauen der Bürgerinnen und Bürger in die Institutionen. Für die Kerninstitutionen des parlamentarischen Regierungssystems ergibt sich in Tschechien folgendes Bild:

*Tabelle 5:* Vertrauen der Bevölkerung in die Verfassungsorgane (Vertrauen : Misstrauen, Antworten in %*)

| | 1999 Januar | 2000 Januar | 2001 Januar | 2001 April |
|---|---|---|---|---|
| Staatspräsident | 46 : 52 | 51 : 46 | 51 : 47 | 54 : 43 |
| Regierung | 37 : 58 | 27 : 69 | 33 : 63 | 38 : 59 |
| Abgeordnetenhaus | 27 : 68 | 21 : 75 | 24 : 71 | 25 : 72 |
| Senat | 11 : 82 | 16 : 74 | 19 : 72 | 22 : 72 |

* Jeweils die Summe der Antworten aus „entschieden ja" und „eher ja".
*Quelle:* Jelínek, Vladimír: Důvěra ústavním institucím. Centrum pro výzkum veřejného mínění. Sociologický ústav AV ČR, 01-04. Praha 2001.

Das Zahlenwerk darf nicht zu voreiligen Interpretationen verleiten. Daraus kann nicht der einfache Schluss gezogen werden, dass es eine den absoluten Daten und Niveaus des Vertrauens entsprechende Zustimmungsbasis in der Bevölkerung gibt. Mangelndes Vertrauen steht nicht notwendig für Entfremdung oder Ablehnung, sondern kann auch mit kritischer, aber bejahender Akzeptanz und gar Unterstützung einer Institution verbunden sein (vgl. Döring 1990: 73ff.). Die Ergebnisse können daher auch nicht in Widerspruch gestellt werden zu anderen Befunden: Der Tschechischen Republik wird mit das geringste Widerstandspotential gegen die liberale Demokratie mit ihren politischen Institutionen unter den postkommunistischen Ländern attestiert (vgl. Jacobs/Müller/Pickel 2000: 29). Aussagekraft erhalten die vorliegenden Daten vor allem im Hinblick auf Entwicklungstendenzen und für den inter-institutionellen Vergleich.

Lediglich der Präsident der Republik und der Senat konnten in den letzten Jahren einen nennenswerten Vertrauenszuwachs verzeichnen. Beim Vergleich der Vertrauensniveaus zeigen sich große Unterschiede, die aber nicht ungewöhnlich sind. Derartige Relationen gibt es auch in anderen (einschließlich westlichen) Ländern. Das hohe Vertrauen der Bürgerinnen und Bürger zum Präsidenten erklärt sich vornehmlich aus seiner Rolle, die ihn weitgehend von der Tagespolitik entfernt und zu einer vermittelnden oder (gerade unter der Amtsführung von Václav Havel) moralischen Instanz machen kann. Dem gegenüber fallen die Werte für die Regierung und mehr noch für das Abgeordnetenhaus deutlich ab, was mit ihrer gesellschaftlichen Wahrnehmung als – in unterschiedlichem Maße – interessengeleitete, parteipolitisch orientierte Instanzen zusammen hängt.[25] Der im Jahre 1996 konstituierte, im Vergleich zur ersten Parlamentskammer eher „unpolitische" Senat muss sich als neue Institution noch weiter profilieren und dürfte sein Vertrauenspotential noch nicht ausgeschöpft haben.

---

[25] Zur Relevanz von personellen oder institutionellen bzw. kompetitiven oder überparteilichen etc. Aspekten für das jeweilige Vertrauensniveau vgl. Plasser/Ulram/Waldrauch 1997: 139 mwN.

## 2.8 Minderheiten und Minderheitenpolitik

Die Tschechoslowakei war zum Zeitpunkt ihrer Gründung 1918 ein Vielvölkerstaat, in dem Tschechen, Deutsche, Slowaken und Ungarn sowie einige kleinere Volksgruppen lebten. Die Vertreibung der Sudetendeutschen änderte das nationale Profil von Böhmen und Mähren erheblich. Mit der Tschechischen Republik entstand schließlich ein Nationalstaat, in dem die Tschechen ca. 95% der Gesamtbevölkerung stellen. Der Bevölkerungsanteil der Slowaken in Tschechien, der durch fortschreitende Assimilierung rückläufig ist, erklärt sich im wesentlichen durch sozioökonomisch bedingte Binnenwanderung zu Zeiten der Tschechoslowakei und systematische Ansiedlung in ehemals sudetendeutschen Gebieten nach dem Zweiten Weltkrieg (vgl. Grulich 1996: 157).

Die tschechische Charta der Grundrechte und Grundfreiheiten betont in Art. 24, dass die Zugehörigkeit zu einer Minderheit, sei sie national (die Nationalität ist eine individuelle Entscheidung) oder ethnisch definiert, niemanden zum Nachteil gereichen darf. Den Minoritäten wird das Recht auf allseitige Entwicklung gewährleistet (Art. 25 der Charta): Entfaltung der eigenen Kultur, Ausbildung und Informationen in der eigenen Sprache und deren Gebrauch im Behördenverkehr, Bildung eigener Vereinigungen und schließlich Teilhabe an der Regelung von sie betreffenden Angelegenheiten (zu diesem Zweck wurde bereits 1992 ein Minderheitenrat geschaffen). Zur näheren Ausgestaltung der Minderheitenrechte ist ein Gesetz ergangen.

Nach den Volkszählungen von 1991 und 2001 ergab sich für die nationale Zusammensetzung der Gesellschaft Tschechiens folgendes Bild:

*Tabelle 6:* Nationalitäten in der Tschechischen Republik

| Nationalität* | 1991 | | 2001 | |
|---|---|---|---|---|
| | absolut | in % | absolut | in % |
| Tschechen | 8.363.768 | 81,2 | 9.270.615 | 90,1 |
| Mährer** | 1.362.313 | 13,2 | 373.294 | 3,6 |
| Schlesier** | 44.446 | 0,4 | 11.248 | 0,1 |
| Slowaken | 314.877 | 3,1 | 183.749 | 1,8 |
| Polen | 59.383 | 0,6 | 50.971 | 0,5 |
| Deutsche | 48.556 | 0,5 | 38.321 | 0,4 |
| Roma | 32.903 | 0,3 | 11.716 | 0,1 |
| Übrige und nicht Er-mittelte | 75.969 | 0,7 | 353.019 | 3,4 |
| Gesamtbevölkerung | 10.302.215 | 100,0 | 10.292.933 | 100,0 |

*Quelle:* www.czso.cz/cz/sldb/2001/pvysled/text.htm (05. 09. 2001).

*Anders als die Charta der Grundrechte und Grundfreiheiten unterscheidet die amtliche Statistik nicht zwischen Nationalitäten und Ethnien.
**Zählt man die Tschechisch sprechenden Mährer und Schlesier zu den Tschechen (die im übrigen auch sonst als eine Volksgruppe anzusehen sind und angesehen werden), so entfiel auf sie ein Anteil von 9.770.527 bzw. 94,8 % in 1991 und von 9.655.157 bzw. 93,8 % in 2001 an der Gesamtbevölkerung.

Mit Ausnahme der Roma kann die Situation der Minderheiten als befriedigend angesehen werden. Ihre Rechte sind überall gewährleistet, wenn nicht die faktischen Umstände dagegen stehen: Muttersprachlichen Unterricht gibt es für die Kinder der Deutschen und anderer kleiner Minderheiten nicht, weil kein hinreichend geschlossenes Siedlungsgebiet besteht (vgl. Brunner 1999: 26).

Die Lage der Roma ist problematisch und hat zu internationaler Kritik geführt; von der Europäischen Union wird ihre Situation mit Aufmerksamkeit verfolgt. Die Berichte der Kommission über die Fortschritte Tschechiens auf dem Weg zum EU-Beitritt sind darauf immer wieder kritisch eingegangen, wodurch sich die Bedeutung der Problematik für die tschechische Innenpolitik zwangsläufig erhöht hat. Entgegen den Angaben der amtlichen Volkszählung ist davon auszugehen, dass die Zahl der Roma in der Tschechischen Republik bei 250 bis 300.000 liegt (vgl. Europäische Kommission 1999: 19).

Heute werden sie gesellschaftlich weitgehend ausgegrenzt; auf dem Arbeitsmarkt und bei der Wohnungssuche erleben sie Diskriminierung. Ihre Gesundheitsvorsorge und Wohnverhältnisse sind im Vergleich zur übrigen Bevölkerung schlecht. Von Behörden und Gerichten erhalten sie bisher keinen angemessenen Schutz. Das Image der Roma in Presse und Fernsehen ist eher negativ. Wenn sie in den vergangenen Jahren Opfer von rassistisch motivierten Straftaten geworden sind, fand das in den Medien nur geringe Aufmerksamkeit (vgl. Europäische Kommission 1998b:13). Etwa 70% der Kinder an Sonderschulen für Lernbehinderte kommen aus Roma-Familien. Diese Tatsache erklärt sich vor allem aus dem geringen Stellenwert von Bildung und Ausbildung bei den Roma, und sie erhellt beispielhaft die kulturelle Dimension der ganzen Problematik. Die Roma gehören in mancher Hinsicht zu den Verlierern des Systemwechsels. Besonders deutlich zeigt sich das in der extrem hohen Arbeitslosigkeit unter ihnen, Schätzungen gehen von einer Arbeitslosenrate von 70 bis 90% aus (vgl. Europäische Kommission 2000b: 27). Früher war das anders; in der sozialistischen Industrie wurden sie in großer Zahl als ungelernte Arbeiter beschäftigt.

Weltweites Aufsehen rief im Herbst 1999 der Bau einer Mauer in der nordböhmischen Stadt Ústí nad Labem (Aussig) hervor, die eine von Tschechen bewohnte Siedlung von in der Nachbarschaft wohnenden, „lärmenden und schmutzigen" Roma trennen sollte. Internationale Proteste haben zum Abriss des Bauwerks nach wenigen Wochen geführt. Der politische Schaden für die tschechische Demokratie war jedoch nachhaltig. Meldungen über Anträge auf politisches Asyl von Roma im westlichen Ausland haben den negativen Eindruck noch verstärkt.

Repräsentative Befragungen zeugen von geringer Akzeptanz der Roma in der tschechischen Gesellschaft. Ihre Nachbarschaft wird eher abgelehnt als die von Skinheads, obwohl diese von der ganz großen Bevölkerungsmehrheit als neofaschistisch bzw. gewalttätig eingestuft werden.

*Tabelle 7:*    Wen hätten Sie lieber als Nachbarn, Roma oder Skinheads?
(Antworten in %)

|  | Sept. 1994 | Juni 1999 |
|---|---|---|
| Roma | 10 | 16 |
| Skinheads | 32 | 26 |
| das ist egal, gleichgültig | 11 | 15 |
| „weiß nicht" bzw. keine Antwort | 47 | 43 |

*Quelle:* www.opw.cz/hnuticr.htm ( 27.06.2001).

Die tschechische Regierung hat Initiativen entwickelt, um die soziale Diskriminierung und Benachteiligung der Roma im Lande abzubauen, und kann dabei auch auf verschiedene Fortschritte verweisen. Mit einem langfristigen Aktionsprogramm für den Zeitraum von 2001 bis 2020 sollen in Schlüsselbereichen weitreichende Verbesserungen ihrer Lage erzielt werden (vgl. Europäische Kommission 2000b: 26ff).

## 2.9 Außenpolitik

Kaum mehr als 20 Jahre hatte die demokratische Tschechoslowakei bestanden, als nach Abschluss des Münchener Abkommens in flagranter

Verletzung desselben die „Tschechei" im März 1939 von deutschen Truppen besetzt (die Slowakei wurde formal unabhängig) und jeder politischen Eigenständigkeit beraubt wurde. Später dann mit der kommunistischen Machtübernahme im Februar 1948 in den sowjetischen Machtbereich inkorporiert, blieb der Tschechoslowakei kaum ein Spielraum für eine eigenständige Außenpolitik. Gleich nach der Wende haben die neuen politischen Eliten des Landes von der gewonnenen Handlungsfreiheit Gebrauch gemacht und eine eigene Außenpolitik formuliert, die sich auf den Westen ausrichtete. Die Tatsache, dass die Teilung der Republik friedlich und geordnet verlaufen ist, war der außenpolitischen Stellung ihrer beiden Nachfolgestaaten zweifellos förderlich. Andererseits haben sie gegenüber der früheren Tschechoslowakei als nunmehr kleinere Staaten an Bedeutung in den internationalen Beziehungen verloren.

Die Tschechische Republik setzte die Außenpolitik der postkommunistischen ČSFR fort und suchte den Weg in die Gemeinschaft der westlichen Demokratien. Diesem Ziel wurde oberste Priorität zuerkannt, dem gegenüber mussten die regionalen Beziehungen – auch die spezifischen zur Slowakei – nachrangig werden.

Die ersten konkreten Schritte galten der Regelung des Verhältnisses mit der nunmehr unabhängigen Slowakischen Republik. Das tschechisch-slowakische Gipfeltreffen Ende März 1993 stand bereits im Zeichen bilateraler Spannungen. Eine Reihe von Problemen, die sich aus der Auflösung der Tschechoslowakei ergeben hatte, war noch ungelöst. Sie reichten von Konflikten über die Aufteilung des Vermögens der früheren Tschechoslowakei bis zum Streit über das Schicksal der bisherigen gemeinsamen Staatsfahne. Die Atmosphäre blieb auch in den Folgejahren belastet, jedenfalls solange der tschechische Ministerpräsident Klaus und sein slowakischer Kollege Mečiar im Amt waren. Nach dem Regierungswechsel in beiden Ländern 1998 konnten die Beziehungen zweifellos an Struktur und Intensität gewinnen. Für die Tschechen (wie für die Slowaken) haben sie vor dem Hintergrund der gemeinsamen Geschichte im 20. Jahrhundert besonderen Charakter.

Die Beziehungen zu den ehemaligen „Bruderländern", den Staaten des früheren sozialistischen Lagers bzw. ihren Nachfolgestaaten wurden auf eine neue Basis gestellt. Mit der russischen Föderation schloss Tschechien im August 1993 einen Vertrag über Freundschaft und Zusammenarbeit, der einen Schlussstrich unter die Vergangenheit setzen will und den Wunsch nach qualitativ neuen Beziehungen auf der Grundlage von Souveränität und Gleichberechtigung beider Partner zum Ausdruck bringt. Ähnliche Verträge mit anderen osteuropäischen Nachbarn folgten.

Das Verhältnis zum größten Nachbarn, zu Deutschland, hat herausragende Bedeutung. Die Bundesrepublik ist der wichtigste Handelspartner und der größte ausländische Investor, zudem größtes EU-Land mit einer gewichtigen Stimme als Befürworterin des tschechischen Beitritts zur Union. Nach dem Ende des kommunistischen Regimes wurde ein Vertrag zwischen der damaligen ČSFR (der die Tschechische Republik und die Slowakische Republik als Vertragspartner nachfolgten) und dem wiedervereinigten Deutschland geschlossen, der eine umfassende Entwicklung der gegenseitigen Beziehungen zum Ziel hat. Politisch blieb das Verhältnis in den folgenden Jahren wegen der Differenzen um die Vertreibung der Sudetendeutschen nach dem Zweiten Weltkrieg dennoch schwierig. Eine im Januar 1997 unterzeichnete tschechisch-deutsche Erklärung, mit der unter die Probleme der Vergangenheit politisch ein Schlussstrich gezogen werden sollte, hat ihren Zweck (bisher) nicht befriedigend erfüllen können[26]. Die Beziehungen zu Deutschland werden belastet durch Forderungen der Sudetendeutschen Landsmannschaft, gestützt vor allem von der CSU, nach Anerkennung eines Heimatrechts der Sudetendeutschen in Böhmen und Mähren durch die tschechische Seite und nach Aufhebung von tschechoslowakischen Rechtsnormen aus den vierziger Jahren, die in Zusammen-

---

[26] In der Erklärung von 1997 (abgedruckt in: Internationale Politik, 1997, Nr. 2, Jg. 52, S. 118-120) stellen beide Seiten fest, dass sie ihre Beziehungen nicht mit aus der Vergangenheit herrührenden politischen und rechtlichen Problemen belasten werden. Beide erkennen an, dass die jeweils andere Seite ihrer Rechtsordnung verpflichtet bleibt und andere Rechtsauffassungen (in Bezug auf das Münchner Abkommen von 1938 und die Vertreibung der Sudetendeutschen nach dem 2. Weltkrieg) vertritt. Die tschechische Regierung steht auf dem Standpunkt, dass die in Zusammenhang mit der Vertreibung stehenden einschlägigen Rechtsakte einen Teil der tschechischen Rechtsordnung bilden, der jedoch heute obsolet ist (vgl. Institute of International Relations o.J.: 15). Von deutscher Seite wird ihre Annulierung gefordert.

hang mit der Vertreibung erlassen worden sind und weiterhin Bestand haben. Die sog. „Beneš-Dekrete" haben sich als ein beständiger Topos der politischen Auseinandersetzung zwischen beiden Staaten erwiesen.

Die Tschechische Republik ist Mitglied in verschiedenen Regionalorganisationen, die der Stabilisierung und Stärkung des mitteleuropäischen Raumes dienen. Die Visegrád-Gruppe wurde 1991 von Polen, Ungarn und der Tschechoslowakei, an deren Stelle nun die beiden Nachfolgestaaten getreten sind, als Forum der politischen Zusammenarbeit gegründet. Durch gemeinsames Handeln sollten die Voraussetzungen für die gewünschte Integration in die euro-atlantischen Strukturen verbessert werden. Praktische Bedeutung hat die Gruppe kaum, wenngleich es in den letzten Jahren zu einer gewissen Neubelebung ihrer Aktivitäten gekommen ist. Gerade die tschechische Seite war es, die sehr bald den Bilateralismus gegenüber der kollektiven Interessenwahrnehmung vorgezogen hat. Stärkeres Gewicht kommt der CEFTA (Central European Free Trade Agreement) zu, die 1992 zur Stärkung der ökonomischen Kooperation ihrer Mitglieder – ebenfalls Polen, Ungarn und die Tschechoslowakei resp. Nachfolgestaaten – durch die Schaffung einer Freihandelszone ins Leben gerufen wurde. Für die nachhaltige Attraktivität des Projekts spricht, dass inzwischen weitere mittelosteuropäische Länder der CEFTA beigetreten sind. Schließlich ist die CEI (Central European Initiative) zu nennen, die – schon im Jahre 1978 von Italien, dem damaligen Jugoslawien und Österreich als Alpen-Adria-Gruppe gegründet – einen lockeren Verbund darstellt; zahlreiche postkommunistische Länder gehören ihm mittlerweile an. Die Zusammenarbeit konzentriert sich auf Infrastrukturprojekte und den wissenschaftlich-technologischen Bereich (vgl. Loringhoven 1998: 2).

Im März 1999 wurde die Tschechische Republik Mitglied der NATO. Damit war eines der grundlegenden Ziele ihrer Außen- und Sicherheitspolitik erreicht. Das Bündnis hatte sie (neben Polen und Ungarn) im Juli 1997 zu Beitrittsverhandlungen eingeladen, die wenige Monate später aufgenommen wurden.

Hat auch das Münchner Diktat von 1938 und die Gleichgültigkeit der Westmächte gegenüber dem Schicksal der damaligen demokratischen

Tschechoslowakei in der tschechischen Gesellschaft bis heute traumati-
sche Spuren hinterlassen, für den kleinen Staat in der europäischen Mitte
gab es zur Mitgliedschaft im nordatlantischen Bündnis letztlich keine
ernsthafte Alternative. Die Vorstellung von einer gesamteuropäischen
Sicherheitskonstruktion im Rahmen der KSZE, die nach der Wende in der
Tschechoslowakei noch zahlreiche prominente Fürsprecher gehabt hatte,
war zu keiner Zeit ein realistisches Konzept gewesen. Die NATO gilt den
führenden politischen Kräften des Landes als der einzige Garant für die
Integrität des Staates. Vor dem Hintergrund der historischen Erfahrungen
wird der Tatsache besonderes Gewicht beigemessen, dass die sicherheitspolitische Präsenz der USA in Europa durch das Bündnis verankert wird
(vgl. Institute of International Relations o.J.: 12). Weitergehende Wirkun-
gen entfaltet der Beitritt in der Weise, dass potentiellen Investoren aus
dem Westen größere Sicherheit für ihr Engagement im Lande vermittelt
wird.

Von einem komplexen Sicherheitsbegriff ausgehend, der neben militäri-
schen auch soziale, ökonomische und ökologische Aspekte umfasst, besteht für die Tschechische Republik heute nur eine begrenzte Gefähr-
dungslage. Weniger die aktuellen Entwicklungen auf dem Balkan als
vielmehr eine Destabilisierung der Russischen Föderation oder gravierende Konflikte zwischen Russland und der Ukraine könnten eine sicherheitspolitische Bedrohung darstellen, zumal Tschechien weitgehend von
russischen Gas- und Erdöllieferungen (durch Pipelines über ukrainisches
Territorium) abhängig geblieben ist (vgl. Pauer 1995b: 32ff.).

Das herausragende Ziel der Außenpolitik ist aktuell die Integration des
Landes in die Europäische Union. Nach der Teilung der Tschechoslowakei hatte das Assoziierungsabkommen mit der EU mit zwei selbständigen
Staaten neu verhandelt werden müssen. Der neue Vertrag mit der Tschechischen Republik wurde im Oktober 1993 unterzeichnet und trat Anfang
Februar 1995 in Kraft. Im Januar 1996 hat die tschechische Regierung
offiziell den Antrag auf Mitgliedschaft in der EU gestellt; erst im November 1998 begannen dann auf ministerieller Ebene die Verhandlungen über
den Beitritt. Die Gemeinschaft gewährt dem Land (wie anderen Beitrittskandidaten auch) Unterstützung und Hilfestellung auf dem Weg zur Mit-

gliedschaft. Die jährlichen Finanzhilfen für Tschechien – in den Jahren 2000 bis 2002 schwanken sie zwischen 156 und 181 Millionen Euro – sind auf eine Vielzahl von Projekten verteilt (vgl. Europäische Kommission 2000a: 9ff.).

Die Integrationspolitik Tschechiens zerfällt in zwei unterschiedliche Phasen. Der erste Ministerpräsident des Landes, Václav Klaus, hat gegenüber Brüssel eine sehr selbstbewusste Haltung eingenommen und durchaus auch Kritik an der EU und dem europäischen Integrationsprozess geübt. Seine überzogene Selbstsicherheit ist offenkundig nicht ohne Auswirkungen auf die Beziehungen zu den europäischen Gesprächspartnern geblieben (vgl. Wallat 1999: 240). Er verkörpert eine Haltung, die Böhmen und Mähren auf der Grundlage historischer und kultureller Zugehörigkeit zum westlichen Europa als selbstverständlichen und organischen Teil der EU versteht. Es geht aus dieser Sicht mehr um die Aufnahme eines – ohne dessen Schuld – „verloren gegangenen Sohnes", als um den Antrag eines neuen Anwärters für die Gemeinschaft.

Die tschechische Seite verfolgt mit der Mitgliedschaft vielfältige Interessen. Die Erwartungen konzentrieren sich auf einen breiten ökonomischen Modernisierungsschub, auf gesellschaftlichen Wohlstand und damit auf einen Zugewinn an innenpolitischer Stabilität, wenngleich diese Aspekte von den konservativen Regierungen unter Klaus öffentlich gern hintan gestellt wurden. Die EU empfiehlt sich überdies als eigenständige sicherheitspolitische Säule. Politische Nötigung oder gewaltsame, militärische Auseinandersetzungen können für die Beziehungen zwischen ihren Mitgliedsländern ausgeschlossen werden. Davon geht die wichtige psychologische Botschaft aus, dass eine Wiederholung des Traumas von München 1938, Spielball der europäischen Mächte zu sein, nicht zu befürchten steht. Ganz im Gegensatz dazu erhält das Land die Möglichkeit zu gestalterischer Partizipation an der europäischen Politik (vgl. Hudalla 1996: 118ff.).

Die seit 1998 amtierende Regierung des Sozialdemokraten Miloš Zeman hat sich in ihrer Politik gegenüber der EU auf eine bescheidenere Position begeben und kooperativer als ihre Vorgängerinnen gezeigt. Sie will an dem Prozess der Integration teilnehmen, wie er sich im Westen des Kontinents nach dem Zweiten Weltkrieg vollzogen hat, und akzeptiert die Vorgaben, die seitens der EU für den Beitritt der Tschechischen Republik gemacht werden. Sobald dieser Schritt vollzogen ist, möchte sie möglichst schnell die Aufnahme in die Wirtschafts- und Währungsunion und die Einführung des Euro folgen lassen (vgl. Institute of International Relations o.J.: 8f.).

Die Verhandlungen mit den europäischen Instanzen sind inzwischen weit fortgeschritten. Für den tschechischen Gesetzgeber bedeutet es eine gewaltige Herausforderung, die Rechtsordnung an den gemeinschaftlichen Besitzstand (acquis communautaire) anzupassen. Die von der Europäischen Kommission veröffentlichten jährlichen Berichte über die Fortschritte der Tschechischen Republik auf dem Weg zum Beitritt (gleichartige Berichte werden über andere Beitrittskandidaten publiziert) sehen in ihrer jüngsten Ausgabe die Voraussetzungen dafür insoweit gegeben, als die politischen Kriterien erfüllt seien, eine funktionierende Marktwirtschaft bestehe und die Rechtsangleichung an den Besitzstand der Gemeinschaft weit fortgeschritten sei (vgl. Europäische Kommission 2001b: 118ff.).

Die Tschechen erwarten die Aufnahme in die EU nun für das Jahr 2004. Es ist abzusehen, dass in den ersten Jahren der Mitgliedschaft bestimmte Sonderregelungen zur Anwendung kommen sollen. So wird die Freizügigkeit für Erwerbstätige innerhalb der EU zunächst nicht für die Bürgerinnen und Bürger Tschechiens (und anderer Neu-Mitglieder) gelten. Die Prager Regierung hat ihrerseits klar gemacht, dass sie den freien Erwerb von Immobilien durch EU-Ausländer erst nach einer Übergangsfrist ermöglichen will.

Die Zustimmung zum EU-Beitritt hält sich bei den Menschen in Grenzen. Umfragen vom Herbst 1997 und Herbst 2000 weisen aus, dass ihn rund die Hälfte der tschechischen Bevölkerung befürwortet. Wachsende Skepsis bezüglich der sozialen Folgen ist ein entscheidender Grund für die steigende Zahl derer, die eine ablehnende Haltung einnehmen.

*Tabelle 8:* Einstellungen zum EU-Beitritt in der Bevölkerung[27]
(Antworten in %)

| 1997 | | 2000 | |
|---|---|---|---|
| dafür | dagegen | dafür | dagegen |
| 49 | 13 | 51 | 22 |

*Quelle:* Juchler, Jakob: Zur Osterweiterung der EU – Gesellschaftliche Asymmetrien und ihre Risiken, in: Europäische Rundschau 29(1), 2001, S.131.

## 2.10 Eckdaten zur wirtschaftlichen Entwicklung

Der tschechische Landesteil der früheren Tschechoslowakei war schon vor dem Zweiten Weltkrieg eine hoch industrialisierte Region. Insgesamt gesehen hat man nach der Wende an die Wirtschaftsstruktur dieser Zeit angeknüpft, wobei allerdings der breit gefächerte Dienstleistungssektor inzwischen zur tragenden Säule geworden ist.

Zu den Schwerpunkten der vielseitigen Industrie gehören Maschinen- und Fahrzeugbau, chemische Produkte und Eisenverhüttung. Nennenswerte Bedeutung hat auch noch der Stein- und Braunkohlenbergbau, während der Abbau von Erzen – soweit die Lager nicht ohnehin erschöpft sind – kaum noch lohnend betrieben werden kann. Entsprechend hoch ist der Bedarf an Rohstoffimporten. In der Ölversorgung ist eine gewisse Diversifizierung der Lieferländer eingetreten, dennoch ist eine große Abhängigkeit von Importen aus Russland geblieben. Elektrische Energie wird vor allem durch Kohlekraftwerke und durch die Kernkraftwerke in Dukovany und Temelín erzeugt. Der Stellenwert von Land- und Forstwirtschaft

---

[27] Die Befragungen wurden auch in anderen Ländern durchgeführt, die wie Tschechien Kandidaten der EU-Osterweiterung sind, und haben dort folgende Ergebnisse erbracht:

| | 1997 | | 2000 | |
|---|---|---|---|---|
| | dafür | dagegen | dafür | dagegen |
| Ungarn | 56 | 9 | 69 | 19 |
| Polen | 63 | 6 | 55 | 26 |
| Estland | 35 | 14 | 46 | 29 |
| Slowenien | 57 | 18 | 58 | 21 |

*Quelle:* Juchler, Jakob: Zur Osterweiterung der EU, a.a.O.

ist gering und nimmt weiter ab. Traditionell stellt der Fremdenverkehr
einen wichtigen ökonomischen Faktor dar. Die tschechische Außenwirt-
schaft ist mittlerweile stark auf die Europäische Union orientiert. Rund
zwei Drittel der Im- und Exporte werden mit ihren Mitgliedsstaaten ab-
gewickelt.

Nach der Gründung der selbständigen Republik hatte sich die Wirtschaft
des Landes zunächst in stabiler Verfassung gezeigt. Ab 1994 konnte ein
positives Jahreswachstum des Bruttoinlandsprodukts verzeichnet werden,
bevor dann 1997 eine dreijährige Phase der Rezession begann. Im Jahre
2000 erholte sich die Ökonomie deutlich und blieb auch im Folgejahr auf
Wachstumskurs. Motor des Aufschwungs waren vor allem die Investitio-
nen, auch der private Konsum nahm zu. Insbesondere wegen der hohen
Abhängigkeit der tschechischen Wirtschaft von weltwirtschaftlichen Entwicklungen erscheint eine Wachstumsprognose für die kommenden Jahre
schwierig.

Die jährliche Inflation konnte nach einer zweistelligen Rate im Jahre 1998
erheblich gesenkt werden. Eine vergleichsweise starke Währung und zu
erwartende moderate Tarifabschlüsse wirken sich insoweit günstig aus;
allerdings müssen in der Entwicklung der öffentlichen Finanzen Gefahren
für die Preisstabilität gesehen werden. Die Tschechische Republik hatte in
den ersten Jahren nach ihrer Gründung eine – nicht nur im Vergleich zu
anderen postkommunistischen Ländern – sehr geringe Arbeitslosigkeit mit
sinkender Tendenz aufzuweisen. Die Quote betrug 1995 unter 3%. Sie
stieg danach deutlich an und erreichte im Jahre 1999 mit 9,4% einen Höhepunkt. Trotz rückläufiger Beschäftigung konnte sie in den beiden nach-
folgenden Jahren leicht gesenkt werden (zum ganzen vgl. Bundesstelle für
Außenhandelsinformation 2001: 10ff.).

*Tabelle 9:* Wirtschaftswachstum

| Bruttoinlandsprodukt (BIP) (Zuwachs gegenüber Vorjahr in %) | | | | |
|------|------|------|------|------|
| 1997 | 1998 | 1999 | 2000 | 2001* |
| -1,0 | -2,2 | -0,8 | 3,1 | 3,2 |

*Tabelle 10:* Inflation

| Inflationsrate (Zunahme der Konsumgüterpreise gegenüber Vorjahr in %) | | | | |
|------|------|------|------|------|
| 1997 | 1998 | 1999 | 2000 | 2001* |
| 8,5 | 10,7 | 2,1 | 3,9 | 4,2 |

*Tabelle 11:* Arbeitslosigkeit

| Arbeitslosenquote (in % der Beschäftigten, zum Jahresende) | | | | |
|------|------|------|------|------|
| 1997 | 1998 | 1999 | 2000 | 2001* |
| 5,2 | 7,5 | 9,4 | 8,8 | 8,4 |

*Prognose bzw. Schätzung
*Quelle:* Bundesstelle für Außenhandelsinformation (Hrsg.): Ostmittel- und Osteuropa im Aufholprozess, Berlin 2001, S. vii, 15.

Die Privatisierung der ehedem sozialistischen Wirtschaft erfolgte zunächst auf dem Wege der Ausschreibung, Auktion oder Überführung in kommunales Eigentum. Auf dieser Grundlage hat man zwei Privatisierungswellen durchgeführt, die im Jahre 1996 abgeschlossen waren. Mit der „Kleinen Privatisierung" ist eine Vielzahl von kleineren Betrieben, Gewerbeunternehmen, Geschäften, Hotels etc. privatisiert worden; größere Unternehmen wurden mit der „Großen Privatisierung" überführt. Von den danach noch in staatlicher Hand verbliebenen Unternehmen sind weitere, bzw. Anteile davon, über die Kapitalmärkte privatisiert worden (vgl. Bankgesellschaft Berlin 2000: 14). Große Teile der landwirtschaftlichen Nutzfläche stehen bisher noch in staatlichem Eigentum. Insgesamt gesehen ist der Anteil des Privatsektors an der Wirtschaft und insbesondere an der Beschäftigung in den neunziger Jahren erheblich gewachsen.

*Tabelle 12:* Entwicklung des Privatsektors

| Anteil des Privatsektors (in %) | | | |
|-----|-----|-----|-----|
| am Bruttoinlandsprodukt | | an der Beschäftigung | |
| 1991 | 2000 | 1991 | 2000 |
| 17,3 | 76,2 | 18,8 | 84,0 |

Quelle: Bundesstelle für Außenhandelsinformation (Hrsg.): Ostmittel- und Osteuropa im Aufholprozess, Berlin 2001, S. ix.

Die Europäische Kommission bewertet die Entwicklung der Wirtschaft mit Blick auf den anstehenden EU-Beitritt des Landes grundsätzlich positiv. Die Tschechische Republik verfüge über eine funktionierende Marktwirtschaft. „Sofern bei der mittelfristigen Konsolidierung des Haushalts weitere Fortschritte gemacht werden und die Umsetzung der Strukturreformen vollendet wird, dürfte (Tschechien) in der Lage sein, dem Wettbewerbsdruck und den Marktkräften in der Union in absehbarer Zeit standzuhalten" (Europäische Kommission 2001b: 43).

# 3 Politisches System der Slowakischen Republik

## 3.1 Einleitende Daten

Das im geographischen Zentrum Europas gelegene, größtenteils gebirgige Land ist mit etwa 5,3 Millionen Einwohnern und einer Fläche von 49.000 km$^2$ relativ klein; dennoch sind die regionalen Unterschiede erheblich. Während in den nördlichen Gegenden die Bevölkerung fast ausschließlich slowakischer Nationalität ist, liegt deren Anteil nur bei etwa 10% im Süden des Landes, in den Siedlungsgebieten der ungarischen Minderheit, die ca. 11% der Gesamtbevölkerung ausmacht. In einigen Gebieten gehören die Menschen zu 90% der römisch-katholischen Kirche an, andernorts überwiegen andere Glaubensbekenntnisse, und in der Hauptstadt Bratislava bezeichnen sich etwa 50% der Bevölkerung als konfessionslos. Die Slowakei war bis nach dem 2. Weltkrieg land- und forstwirtschaftlich geprägt. In der kommunistischen Zeit hat man große Anstrengungen unternommen und Betriebe der Eisen- und Metallindustrie, der Rüstungsindustrie, für den Maschinenbau und die chemische Produktion aufgebaut. Heute hat sich der Dienstleistungsbereich zum wichtigsten Wirtschaftszweig entwickelt. Die ehemals reichen Bodenschätze spielen nur noch eine nachgeordnete Rolle; Zentren ökonomischer Prosperität sind die Großräume Bratislava und Košice (im Osten der Slowakei). Die Entwicklungsdifferenzen zwischen ihnen und den marginalisierten Regionen und damit Tendenzen der politischen Polarisierung haben sich in postkommunistischer Zeit noch vergrößert.

## 3.2 Verfassungsrechtliche Grundlagen

Die am 1. September 1992 verabschiedete und einen Monat später in Kraft getretene slowakische Verfassung[28] basiert nicht auf einem bestimmten normativen Vorbild. Sie ist insbesondere nicht als eine Fortschreibung eigener demokratischer Verfassungstraditionen aus der Zeit der Ersten Tschechoslowakischen Republik zu verstehen. Vielmehr bringt sie ganz allgemein den politischen Willen ihrer Schöpfer zum Ausdruck, bewährte Entwicklungen in modernen Verfassungsstaaten und anerkannte internationale Standards zu übernehmen. Insgesamt stellt sie ein Dokument der Selbständigkeit und ein Votum für die demokratische Verfassungskultur des Westens dar.

Das slowakische Grundgesetz umfasst 156 Artikel in neun Kapiteln. Als Grundlage der Republik werden die Prinzipien der Souveränität, Demokratie und Rechtsstaatlichkeit genannt. Der Staat soll frei von ideologischer und religiöser Bindung sein; Hintergrund dieser deklaratorischen Verfassungsaussage sind die Erfahrungen mit dem kommunistischen Regime, seinem Anspruch auf Allgemeingültigkeit der marxistisch-leninistischen Ideologie in Staat und Gesellschaft. Breiten Raum nehmen die Menschen- und Grundrechte ein. Ein umfangreicher Katalog enthält allgemeine Freiheits- und politische Rechte, Minderheitenrechte der im Land lebenden Ethnien sowie wirtschaftliche, soziale, kulturelle, umweltbezogene und schließlich justitielle Rechte. In der Praxis werden die sich daraus ergebenden Rechtspositionen von den staatlichen Stellen heute weitgehend respektiert (vgl. Europäische Kommission 2001a: 23).

Die Verfassung sieht ein parlamentarisches Regierungssystem vor. Gesetzgebende Gewalt übt das aus einer Kammer bestehende Parlament aus, dem die Regierung politisch verantwortlich ist. Daneben wird der direkten Demokratie viel Raum gegeben: Verfassungsgesetze über die Zugehörig-

---

[28] Zum Zeitpunkt der Inkraftsetzung der Verfassung war die Slowakei noch unselbständiger Gliedstaat der ČSFR, die Teilung der Tschechoslowakei aber schon politisch beschlossen. Dieser besonderen Situation hat das Grundgesetz dadurch Rechnung getragen, dass eine Reihe seiner Bestimmungen, die mit der Bundesverfassung nicht in Einklang standen, erst mit der Unabhängigkeit der Republik in Kraft traten.

keit des Landes zu einem Staatenverband müssen durch Referendum bestätigt, andere wichtige Fragen von öffentlichem Interesse können durch
Referendum entschieden werden. Das Amt des Staatspräsidenten ist in
erster Linie mit repräsentativen Funktionen versehen. Gemeinden und
Bezirken als Gebietskörperschaften wird die Selbstverwaltung institutionell garantiert. Das Gerichtswesen kennt außer der allgemeinen Gerichtsbarkeit auch ein Verfassungsgericht. Schließlich wird auch eine normative
Aussage zur Wirtschaft gemacht, die auf die Grundsätze einer sozial und
ökologisch orientierten Marktwirtschaft verpflichtet wird; sie darf nicht
durch ökonomische Pläne oder vergleichbare staatliche Eingriffe reguliert
werden, ist aber gesellschaftlich in die Pflicht genommen.

## 3.3 Gesetzgebende Gewalt

### 3.3.1 Nationalrat

Dem Parlament, das die Bezeichnung Nationalrat (Národná rada Slovenskej republiky) führt, gehören 150 Abgeordnete an. Sie werden in
direkter Wahl für vier Jahre gewählt. Zu seinem vorrangigen Aufgabenbe-
stand gehören die Gesetzgebung und die Kontrolle gegenüber der Regierung. Die parlamentarische Verantwortlichkeit der Regierung wird vor
allem dadurch gewahrt, dass der Nationalrat über die Vertrauensfrage der
Regierung entscheidet und ihr bzw. einem ihrer Mitglieder das Misstrauen
aussprechen kann.

Der Staatspräsident kann das Parlament unter bestimmten Voraussetzungen auflösen (Art. 102 Verf.). Es kann sich aber auch selbst vorzeitig
auflösen: Da die Dauer einer Wahlperiode von der Verfassung auf vier
Jahre festgelegt ist, bedarf es eines Verfassungsgesetzes – mit Zustimmung einer 3/5-Mehrheit aller Abgeordneten – für diese Entscheidung, die
über eine Verkürzung der Mandatsdauer auf die vorzeitige Beendigung
der Legislaturperiode gerichtet ist (Čič u.a. 1997: 295). Dieser Fall ist
bisher einmal eingetreten: Der Nationalrat hat im März 1994 nach schwe-
rer Regierungskrise beschlossen, die laufende Wahlperiode vorzeitig zu
beenden und im Frühherbst desselben Jahres zu Neuwahlen zu kommen.

Die Abgeordneten haben ihr Mandat nach bestem Wissen und Gewissen auszuüben und sind an keinerlei Weisungen gebunden. Die Verfassung verpflichtet sie zu einem Gelöbnis, in dem sie Treue gegenüber der Republik sowie die Einhaltung und Verwirklichung der Verfassung und der übrigen Gesetze geloben. Seine Ablehnung oder irgendwelche Vorbehalte haben den Verlust des Mandats zur Folge. Außerdem verliert das Mandat, wer bestimmte berufliche Funktionen im Bereich von Justiz, Polizei oder Militär übernimmt. Auf der Grundlage ihrer parteipolitischen Bindung bilden die Abgeordneten Fraktionen (kluby). Kennzeichnend für die Vergangenheit waren zahlreiche Fraktionsaustritte und Übertritte. Im Gegensatz zum klassischen parlamentarischen Modell besteht Inkompatibilität von Abgeordnetenmandat und Regierungsamt; das Mandat ruht während der Amtsausübung und wird für diese Zeit durch einen Vertreter aus demselben Wahlbezirk wahrgenommen. Die Abgeordneten genießen Immunität und Indemnität.

Der Nationalrat kennt keine festgelegten Sitzungsperioden, sondern ist ein ständig tagendes Organ. Er wählt einen Parlamentspräsidenten und mehrere Vizepräsidenten als dssen Stellvertreter, denen die Organisation der parlamentarischen Arbeit obliegt. Der Präsident des Hauses beruft die Sitzungen des Nationalrats ein und leitet sie. Die Verhandlungen des Plenums und der Ausschüsse sind in der Regel öffentlich, ebenso die Abstimmungen. Das Prinzip der Öffentlichkeit hat in der postkommunistischen Republik hohe normative Bedeutung. Die Bürgerinnen und Bürger sollen den Staat kontrollieren können (vgl. Čič u.a. 1997: 340f.).

Die Einrichtung von Ausschüssen, denen in der Regel die politisch-parlamentarische Sacharbeit übertragen ist, steht weitgehend in der Autonomie des Nationalrats, der dann auch die jeweilige sachliche Zuständigkeit bestimmt. Die Ausschüsse sind Hilfsorgane des Parlaments und haben keine eigenen Entscheidungskompetenzen. Sie beraten die Gesetzentwürfe, das Ergebnis ist Entscheidungsgrundlage für die verbindliche Schlussabstimmung im Plenum. Petitionen aus der Bevölkerung werden je nach konkretem Anliegen vom Parlamentspräsidenten an den jeweils sachlich zuständigen Ausschuss überwiesen. Ebenso wie das Plenum können die

Ausschüsse zur Erörterung von einzelnen Sachfragen Kommissionen einrichten, denen auch Nichtparlamentarier angehören dürfen.

Die Änderung der Verfassung und die Annahme von anderen Verfassungsgesetzen (die höherrangig sind gegenüber einfachen Gesetzen) erfordern eine qualifizierte Mehrheit von drei Fünfteln aller Abgeordneten. Einfache Gesetze bedürfen einer Mehrheit der anwesenden Mitglieder des Hauses. Eine Gesetzesinitiative kann von den Parlamentariern, den Ausschüssen des Nationalrats sowie von der Regierung eingebracht werden. Es liegt auf der Hand, dass von der Regierung, die mit der Ministerialverwaltung über umfassenden Sachverstand verfügen kann, die meisten Initiativen ausgehen. Der Umfang der Gesetzesanträge aus den Reihen der Opposition bleibt auch mangels politischer Durchsetzbarkeit sehr gering.

Die Verfassung und die Geschäftsordnung des Nationalrats sehen einige Instrumente vor, mit denen sich das Parlament Informationen zur Wahrnehmung seiner Funktionen, nicht zuletzt der Kontrolle gegenüber der Exekutive, verschaffen kann. Plenum und Ausschüsse sind befugt, die Mitglieder der Regierung und die Leiter von Staatsbehörden herbei zu zitieren und von ihnen Auskunft zu verlangen. Wichtige Funktionsträger der Exekutive sind ihrerseits berechtigt, an den Sitzungen teilzunehmen; im Ausschuss können sie verlangen, gehört zu werden. Bedeutsam ist das auf die Verfassung (Art. 80) gestützte Interpellationsrecht: Der einzelne Abgeordnete kann sich mit Fragen an die Regierung oder jedes ihrer Mitglieder sowie an den Leiter einer zentralen Staatsbehörde in Angelegenheiten des jeweiligen Wirkungskreises wenden und von ihnen Antwort verlangen. Schließlich wird den Parlamentariern durch das Institut der Fragestunde die Möglichkeit gegeben, den Mitgliedern der Regierung im Plenum Fragen zu aktuellen Problemen des Landes zu stellen. Parlamentarische Minderheitsrechte sind nicht vorgesehen. Ebenso wenig kennt der Nationalrat besondere Untersuchungsausschüsse, die zur Ausübung von Kontrollfunktionen mit quasi richterlichen Befugnissen (Zeugenvernehmung etc.) ausgestattet sind.

Graphik 3: Stufen des Gesetzgebungsprozesses

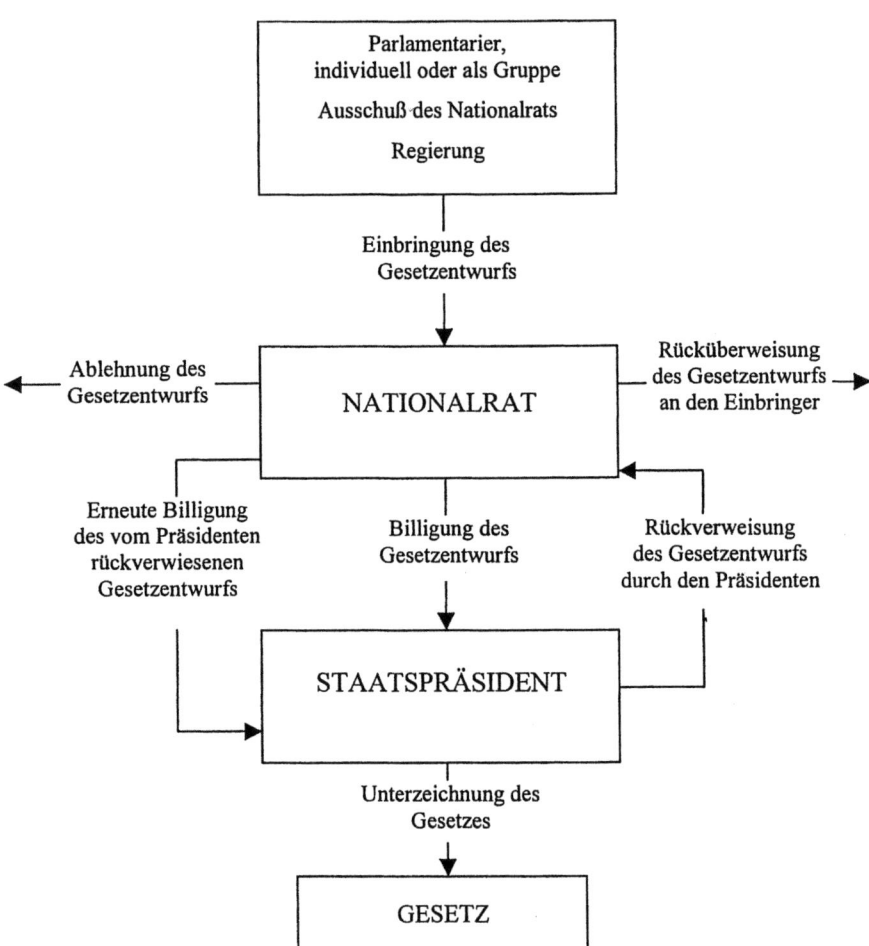

Die slowakische Politik ist in den ersten Jahren der Selbständigkeit dominiert worden von der charismatischen und autoritären Persönlichkeit des Ministerpräsidenten Vladimír Mečiar (HZDS), so dass sich das Parlament wenig profilieren konnte. Zu den wenigen Höhepunkten parlamentarischer Machtentfaltung gehörte im März 1994 das erfolgreiche Misstrauensvotum gegen Mečiar, der allerdings wenige Monate später nach vorgezogenen Wahlen erneut die Regierung bildete. Die neuerliche Mehrheit haben er und seine Koalition genutzt, die parlamentarische Opposition zu behindern. Sie war nun in keinem ständigen Ausschuss mehr mit einem Vorsitzenden vertreten. In verschiedenen Fällen wurden die von den Oppositionsfraktionen benannten Mitglieder für Kontrollausschüsse nicht zugelassen (vgl. Europäische Kommission 1997b: 16). Seit der politischen Wende mit den Wahlen vom Herbst 1998 und der Bildung einer neuen Regierung unter Ministerpräsident Mikuláš Dzurinda (seinerzeit SDK) kann die Opposition ihre parlamentarischen Rechte ungehindert ausüben. Für die Regierung Dzurinda ist die sie tragende Mehrheit im Nationalrat ein schwieriger Partner. Die Koalition ist intern nicht gefestigt; sie setzt sich aus zahlreichen Einzelparteien zusammen, die ein breites politisches Spektrum abbilden.

### 3.3.2 Wahlen zum Parlament

Die Verfassung legt kein Wahlsystem fest, sondern hat die Entscheidung darüber dem einfachen Gesetzgeber überlassen. Mit dem Wahlgesetz aus dem Jahre 1990, seither mehrmals novelliert, wurde die Verhältniswahl eingeführt. Dem waren kontroverse Debatten über verschiedene Wahlsysteme vorausgegangen.

Aktiv wahlberechtigt sind alle Bürgerinnen und Bürger der Republik mit 18 Jahren; Wählbarkeit zum Nationalrat setzt die Vollendung des 21. Lebensjahres voraus.

Das Wahlrecht hat im Mai 1998 weitreichende Änderungen erfahren. Das ganze Land bildet seither einen einzigen Wahlbezirk, bis dahin waren es vier. Galt seit den Wahlen von 1992 für jede (Einzel-) Partei eine Sperrklausel von 5%, für Wahlkoalitionen mit zwei oder drei Parteien von 7% und für Wahlkoalitionen mit vier oder mehr Parteien von 10% aller gültigen Stimmen, so besteht die 5%-Klausel seither generell; auch jede einzelne Partei innerhalb eines Wahlbündnisses muss soviel Prozent aller gültigen Stimmen auf sich vereinigen, will sie im Parlament vertreten sein. Der Versuch der Mečiar-Regierung, mit dieser Wahlrechtsnovelle die kleinen Oppositionsparteien nachhaltig zu schwächen, erwies sich als Fehlschlag. So wurde von den Parteien der Wahlkoalition SDK eine organisierte Koalitionspartei unter gleichem Namen gebildet, innerhalb der die politischen Glieder relativ autonom blieben. Die SDK hat diese Neuregelung seinerzeit als undemokratisch gegeißelt, nach ihrem Wahlsieg im Herbst 1998 und der Übernahme der Regierungsgewalt als führende Kraft in einer Koalition die Revision aber nie in Angriff genommen.

*Tabelle 13:* Ergebnisse der Parlamentswahlen

| Parteien und Koalitionen | Parlamentswahl 1994 Wahlbeteiligung: 75,5% | | Parlamentswahl 1998 Wahlbeteiligung: 84% | |
|---|---|---|---|---|
| | Stimmen in % | Mandate | Stimmen in % | Mandate |
| HZDS | 34,96 | 61 | 27,00 | 43 |
| SDK | | | 26,33 | 42 |
| SDL' | 10,41 | 18 | 14,66 | 23 |
| KDH | 10,08 | 17 | | |
| MK/SMK | 10,18 | 17 | 9,12 | 15 |
| SNS | 5,40 | 9 | 9,07 | 14 |
| DU | 8,57 | 15 | | |
| SOP | | | 8,01 | 13 |
| ZRS | 7,34 | 13 | | |

DÚ          Demokratická únia (Demokratische Union)
HZDS        Hnutie za demokratické Slovensko (Bewegung für eine Demokratische Slowakei)

| KDH | Krest'anskodemokratické hnutie (Christlich-Demokratische Bewegung) |
| MK/SMK | Mad'arská koalícia/Strana mad'arskej koalície (Ungarische Koalition/Partei der Ungarischen Koalition) |
| SDK | Slovenská demokratická koálícia (Slowakische Demokratische Koalition) |
| SDL' | Strana demokratickej l'avice (Partei der Demokratischen Linken) |
| SNS | Slovenská národná strana (Slowakische Nationalpartei) |
| SOP | Strana občianskeho porozumenia (Partei der Bürgerverständigung) |
| ZRS | Združenie robotníkov Slovenska (Arbeitervereinigung der Slowakei) |

*Quellen:* Mesežnikov, Grigorij: Domestic Political Developments and the Political Scene in the Slovak Republik, in: Bútora, Martin/Hunčík, Péter (Hrsg.), Global Report on Slovakia, Bratislava 1997, S. 11f.; Bútora, Martin u.a.: Kto? Prečo? Ako? Slovenské vol'by '98, Bratislava 1999, S. 305; eigene Zusammenstellung.

### 3.3.3 Volksabstimmungen

Die Verfassung enthält, ganz entgegen tschechoslowakischer Tradition, weitreichende Vorschriften zur Durchführung von Plebisziten. Sie kennt zum einen das obligatorische Referendum: Verfassungsgesetze über den Beitritt zu einem Staatenverband (štátny zväzok) oder über den Austritt aus einem solchen bedürfen der Bestätigung durch die Bürgerinnen und Bürger. Zum anderen kann durch Volksabstimmung über andere wichtige Fragen von öffentlichem Interesse entschieden werden, dazu gehören auch Anliegen einer sozialen Gruppe (Familien mit Kindern, Rentner etc.; vgl. Čič u.a. 1997: 349). Davon ausgenommen sind Entscheidungen über Grundrechte und Grundfreiheiten, über Steuern und andere Abgaben sowie über den Staatshaushalt. Die Verfassung selbst kann nicht direkt durch ein Referendum geändert, sondern nur das Parlament politisch verpflichtet werden, ein entsprechendes Mehrheitsvotum gesetzgeberisch umzusetzen (vgl. Galanda/Valko 1998: 33).

Zur Einleitung einer fakultativen Volksabstimmung gibt es zwei alternative Verfahrenswege: Das Referendum wird vom Staatspräsidenten entweder aufgrund einer entsprechenden Petition von mindestens 350.000 der wahlberechtigten Bürgerinnen und Bürger oder aufgrund eines entsprechenden Mehrheitsbeschlusses des Nationalrats – auf Antrag aus seiner Mitte oder der Regierung – binnen 30 Tagen (nach Annahme der Petition bzw. nach dem Parlamentsbeschluss) angeordnet. Die Frist wird unterbrochen, wenn der Präsident im konkreten Fall zur Klärung seiner rechtlichen Zulässigkeit das Verfassungsgericht anruft. Binnen weiterer drei Monate ist dann die (zulässige) Abstimmung durchzuführen (Art. 95; 96 Verf.). Eine Volksabstimmung ist dann erfolgreich, wenn sich die Mehrheit der Wahlberechtigten daran beteiligt und von dieser wiederum die Mehrheit zustimmend votiert hat. Das Ergebnis erhält Gesetzeskraft und einen qualifizierten Bestandsschutz: Der Nationalrat kann es nur durch Verfassungsgesetz, d.h. mit einer 3/5-Mehrheit, ändern oder aufheben, und das erst nach Ablauf von drei Jahren seit dem Inkrafttreten. Eine Volksabstimmung in derselben Angelegenheit darf frühestens nach Ablauf von drei Jahren nach ihrer Durchführung wiederholt werden.

Volksabstimmungen dieser Art stellen die stärkste Form unmittelbarer Beteiligung der Bevölkerung am Staatsgeschehen dar (gegenüber Volksbegehren, Volksinitiative u.a.). Dabei wird entweder eine Parlamentsentscheidung durch ihr zustimmendes Votum erst verbindlich, oder das Volk handelt direkt anstelle des Parlaments. Die Direktwahl des Staatspräsidenten ist ein periodischer Vorgang, der unter anderen Voraussetzungen durchgeführt wird und systematisch hiervon zu trennen ist.[29]

Vielfach ist in der politischen Öffentlichkeit die Forderung nach einem Referendum erhoben und mitunter lebhaft in der Sache diskutiert, aber letztlich das Vorhaben nicht weiter verfolgt worden. Dazu gehörte auch das Verlangen nach einer Volksabstimmung mit dem Ziel, die Todesstrafe

---

[29] Kandidaten für die Wahl zum Staatspräsidenten können von einer Gruppe von mindestens 15 Abgeordneten des Nationalrats oder vermittels einer Petition mit mindestens 15.000 Unterschriften vorgeschlagen werden. Eine Volksabstimmung über die vorzeitige Abwahl des Präsidenten findet auf der Grundlage eines entsprechenden Parlamentsbeschlusses statt, der mit einer 3/5-Mehrheit angenommen worden ist.

einzuführen, die von der Verfassung in Art. 15 Abs. 3 ausdrücklich für unzulässig erklärt wird. Eine solche Abstimmung wäre nach der Verfassung gar nicht möglich gewesen, da sie ein Grundrecht zum Gegenstand der Entscheidung gehabt hätte.

Die bisherigen Erfahrungen der Slowakei mit der direkten Demokratie sind nicht ermutigend. Keine der bisher durchgeführten (fakultativen) Abstimmungen war im Sinne des Begehrens erfolgreich, was sich letztlich negativ auf die Bereitschaft zur direktdemokratischen Initiative auswirkt. Aber sie sind ein Spiegelbild politischer Entwicklungen und Konflikte im Lande, so dass es sinnvoll erscheint, einen Blick auf die bisherige Praxis zu werfen.

Die erste Volksabstimmung in der Slowakischen Republik fand, basierend auf einer Petition, im Oktober 1994 statt. Gefragt wurden die Wahlberechtigten allein danach, ob sie mit der Verabschiedung eines Gesetzes zur Überprüfung der Herkunft von Finanzmitteln einverstanden wären, die seit 1990 im Rahmen von Privatisierungsmaßnahmen geflossen sind. Damit sollte (vorgeblich) die Geldwäsche verstärkt bekämpft werden. Die Abstimmung entpuppte sich als politische Farce. Nur knapp 20% der Wählerinnen und Wähler hatten sich beteiligt, von denen 94% für ein solches Gesetz stimmten. Die schwache Beteiligung konnte nicht einfach als ein Votum gegen das sachliche Anliegen oder das Instrument des Referendums gewertet werden. Schließlich hatte das Parlament erst wenige Wochen zuvor ein entsprechendes Gesetz verabschiedet, allein die beabsichtigte Rückwirkung bis zum Jahre 1990 war neu. Zudem handelte es sich um die Initiative einer bestimmten Partei, der damals noch außerparlamentarischen, linksorientierten Arbeitervereinigung der Slowakei (ZRS), um eine parteipolitisch besetzte Forderung nach nicht mehr als einer „Nachbesserung" des Gesetzes, die keine breite Resonanz erwarten konnte.

Ein weiteres (mehrteiliges) Referendum wurde im Mai 1997 abgehalten, das zu einer schweren politischen und Verfassungskrise in der Slowakei führen sollte. Die regierungstragende Mehrheit im Parlament hatte eine Volksabstimmung zur NATO-Mitgliedschaft des Landes und der mögli-

chen Stationierung von Kernwaffen und ausländischen Truppen im Falle
der Mitgliedschaft beschlossen. Außerdem stand ein Plebiszit zu der Frage
an, ob der Staatspräsident zukünftig direkt von der Bevölkerung statt vom
Parlament gewählt werden sollte; eine entsprechende Petition war von
mehreren Oppositionsparteien erfolgreich organisiert worden. Politischer
Hintergrund war offenbar die (wie sich zeigen sollte, berechtigte) Furcht
der Opposition, die anstehende Neuwahl eines Staatspräsidenten könnte
im Parlament an dem hohen 3/5-Quorum scheitern. Alle Fragen sollten
formell in einen Abstimmungsvorgang zusammengefasst werden. Das von
der Regierung angerufene Verfassungsgericht sah jedoch in der Frage zur
Präsidentenwahl einen Formfehler und machte seine Auffassung deutlich,
wonach eine Abstimmung darüber nur konsultativ – freilich mit politischer Wirkung auf das Parlament – sein könne. Die Regierung stellte sich
auf den Standpunkt, dass der ganze Urnengang insoweit unzulässig sei,
und ordnete an, nur Stimmzettel mit den übrigen, insgesamt drei Fragen
zu verteilen. Die Opposition und auch Präsident Kováč forderten daraufhin die Bürgerinnen und Bürger zum Boykott auf. Unter diesen Bedingungen war keine hohe Stimmbeteiligung zu erwarten; sie lag schließlich
nur bei 9,5%. Die Vorgänge um das Referendum führten zu erheblichen
Auseinandersetzungen. Der Vorwurf des Staatspräsidenten, die Regierung
habe mit ihrem Verhalten einen vorsätzlichen Verfassungsbruch began-
gen, zeugte vom tiefgreifenden politischen Konflikt im Lande. Unmittel-
bare Folge der Ereignisse war der Rücktritt des Außenministers, der offen
von einem schweren Schaden für die slowakische Außenpolitik sprach.

Ein weiteres Referendum, das aufgrund einer von der HZDS initiierten
Petition zeitgleich mit den Parlamentswahlen im September 1998 statt-
fand, verfolgte das politische Ziel, die Privatisierung von strategischen
Energieunternehmen für die Zukunft auszuschließen. Die Abstimmung
blieb im Ergebnis erfolglos, es hatten sich lediglich 44% der Wählerinnen
und Wähler daran beteiligt.

Schließlich ist ein Referendum zu erwähnen, das im November 2000
durchgeführt wurde und abermals von der HZDS über eine Petition ange-
strengt worden war, um auf diesem Wege zu vorgezogenen Parlamentswahlen zu kommen. Trotz der verbreiteten politischen Unzufriedenheit

mit der regierenden Koalition unter Ministerpräsident Dzurinda nahmen nur rund 20% der Stimmberechtigten daran teil.

## 3.4 Vollziehende Gewalt

### 3.4.1 Präsident der Republik

Staatliches Oberhaupt ist der Präsident der Slowakischen Republik (Prezident Slovenskej republiky), der für eine Amtsperiode von fünf Jahren gewählt wird. Wiederwahl ist möglich; dieselbe Person kann jedoch nur für zwei aufeinander folgende Perioden das Amt inne haben. Erster Präsident des selbständigen Landes war bis Anfang März 1998 Michal Kováč. Er war vom Parlament mit der erforderlichen 3/5-Mehrheit der Mitglieder des Hauses gewählt worden. Das von der Verfassung vorgegebene Quorum stellte aber letztlich zu hohe Anforderungen an die Konsensfähigkeit der Abgeordneten. Im Januar 1999 hat man die Verfassung dahingehend geändert, dass nunmehr das Staatsoberhaupt durch die Bevölkerung direkt gewählt wird (Art. 101 Abs. 2 Verf.), nachdem sich der Nationalrat mehrfach außerstande gezeigt hatte, mit der notwendigen Mehrheit einen Nachfolger zu wählen. Die erste Direktwahl des Präsidenten fand im Mai 1999 in zwei Wahlgängen statt. Im ersten hatten sich insgesamt neun Persönlichkeiten zur Wahl gestellt; die meisten von ihnen waren einem parteipolitischen Lager zuzuordnen, so daß ein entsprechender Wahlkampf geführt wurde. Nach den einschlägigen Bestimmungen ist im ersten Wahlgang zum Staatspräsidenten gewählt, wer die Mehrheit aller stimmberechtigten Bürgerinnen und Bürger auf sich vereinigen kann. Da dieses Quorum von niemandem erreicht wurde, mußte im zweiten Wahlgang entschieden werden, in dem von den beiden Bestplazierten der ersten Runde gewählt ist, wer die Mehrheit der angegebenen Stimmen erhält. Die Wahl fiel auf Rudolf Schuster (SOP), der das Amt seit Juni 1999 inne hat. Eine vorzeitige Abwahl des Staatspräsidenten ist durch Volksabstimmung möglich, die vom Parlamentspräsidenten anberaumt wird, wenn der Nationalrat mit 3/5-Mehrheit eine solche Abstimmung beschlossen hat. Bleibt sie erfolglos, muß das Parlament aufgelöst werden (Art. 106 Abs. 3 Verf.).

Kováč war 1970 aus der Kommunistischen Partei ausgeschlossen worden. Er gehörte nach der Wende zunächst zum engeren Führungskreis der von ihm mitgegründeten HZDS und konnte verschiedene politische Ämter bekleiden, bevor er slowakischer Präsident wurde. Auch der zur deutschen Minderheit gehörende Schuster hat eine kommunistische Vergangenheit. Als Oberbürgermeister von Košice errang er in den Jahren zuvor landesweite Popularität. Er war die entscheidende Persönlichkeit bei der Gründung der Partei der Bürgerverständigung (SOP), deren Vorsitzender er wurde. Seine Kandidatur wurde von großen Teilen der regierenden Koalition unterstützt.

Der Inhaber des Amtes nimmt Funktionen eines Präsidenten in einem parlamentarischen Regierungssystem wahr. Er vertritt den Staat nach außen, fertigt Gesetze aus, ernennt hohe staatliche Funktionsträger etc. Zu den bedeutsameren Kompetenzen des Präsidenten zählt, dass er das Parlament unter bestimmten, von der Verfassung benannten Voraussetzungen (Art. 102 Abs. Ziff. e) auflösen kann. Bisher ist ein solcher Fall nicht eingetreten. Es stünde aber auch in seinem politischen Ermessen, einen andern Weg aus der Krise zu suchen (vgl. Čič u.a. 1997: 374). Er ernennt den Ministerpräsidenten; hierbei hat er einen gewissen politischen Gestaltungsraum. Bei der Ernennung und Entlassung von Ministern hat er sich seit der Verfassungsnovelle von 1999 an den Vorschlag des Ministerpräsidenten zu halten – eine eindeutige Reaktion auf die Praxis unter der Präsidentschaft Kováč. Er beruft die Regierung oder eines ihrer Mitglieder ab, sofern das parlamentarische Vertrauen entzogen bzw. verweigert worden ist.

Der Staatspräsident ist weiterhin befugt, ein vom Parlament verabschiedetes einfaches Gesetz mit einer Begründung zurückzuweisen. Das eröffnet ihm die Möglichkeit, seine politischen Vorstellungen einzubringen. Sein Veto hat suspensiven Charakter, es kann vom Parlament nach nochmaliger Beratung durch erneuten Beschluss mit der Mehrheit der gesetzlichen Mitglieder des Hauses ausgeräumt werden. Das Gesetz tritt daraufhin in Kraft.

Mit der Einführung der Direktwahl des Staatspräsidenten ist dessen demokratische Legitimation zwar gestärkt worden, seine politische Position wurde insgesamt gesehen seither eher geschwächt. Bezeichnend dafür ist die Tatsache, dass seit einer Verfassungsnovelle von 2001 Präsidialakte in bestimmten, wenn auch politisch weniger relevanten Fällen der Gegenzeichnung durch die Regierung bedürfen.

Für den Fall der Vakanz galt zunächst die Regelung, dass die Befugnisse des Staatspräsidenten – mit einigen Ausnahmen – auf die Regierung bzw. den Ministerpräsidenten übergehen. Diese Situation ist im März 1998 nach dem Ende der Amtszeit des ersten Präsidenten der Republik eingetreten. Einige Monate später ist die Verfassung dahingehend geändert worden, dass in diesem Falle auch der Vorsitzende des Parlaments an der präsidentiellen Vertretung beteiligt wird und einen bestimmten Teil von dessen Kompetenzen wahrnimmt. Die Novellierung war nicht politisch begründet, denn die Regierung und die sie tragende parlamentarische Mehrheit konnten daran nicht interessiert sein, hatte die neue Lage doch zwangsläufig die Position „ihres" Ministerpräsidenten gestärkt. Sie war vielmehr verfassungsrechtlich geboten. Das Unvermögen der Abgeordneten, nach dem Ausscheiden des ersten Staatspräsidenten einen Nachfolger zu wählen, hatte ein strukturelles Defizit offensichtlich gemacht: Ohne die Änderung wäre es nach den Parlamentswahlen vom September 1998 nach der Verfassung unmöglich gewesen, den Ministerpräsidenten zu entlassen, der nicht seinen eigenen Rücktritt hätte entgegennehmen können.

Die Amtszeit von Michal Kováč war weitgehend beherrscht vom Konflikt mit dem seinerzeitigen Ministerpräsidenten Vladimír Mečiar. Der Präsident hat wiederholt die Ernennung eines Ministers abgelehnt und sich damit dem Willen von Mečiar widersetzt. Einem von der Regierung im Jahre 1994 angestrebten Referendum über den Termin für vorzeitige Neuwahlen verweigerte er die Durchführung, weil die Volksabstimmung seiner Ansicht nach mit teilweise verfassungswidrigen Anliegen der Regierung verbunden werden sollte. Der Regierungschef andererseits suchte auf seine Weise die Konfrontation. Einen Höhepunkt der von ihm betriebenen Kampagne stellte die Aufforderung an Mitarbeiter der staatlichen

Verwaltung dar, unter Androhung von Sanktionen eine Petition des Kultusministers zu unterzeichnen, in der die Abberufung des Staatspräsidenten verlangt wurde (vgl. Europäische Kommission 1997b:17). Präsident Rudolf Schuster befindet sich dem gegenüber in weitgehendem politischen Einklang mit der jetzigen Regierung Dzurinda und der sie tragenden Koalition.

### 3.4.2 Regierung und staatliche Verwaltung

Die Regierung (Vláda Slovenskej republiky) besteht aus dem Ministerpräsidenten (predseda vlády), seinen Stellvertretern und den Ministern.

Die vom Staatspräsidenten ernannte Regierung muß binnen 30 Tagen nach ihrer Ernennung dem Parlament ihr politisches Programm vorlegen und damit die Vertrauensfrage verbinden (Art. 113 Verf.); er kann den Nationalrat auflösen, wenn die Abgeordneten das Programm nicht binnen sechs Monaten billigen. Die Regierung kann darüber hinaus den Nationalrat jederzeit auffordern, ihr das Vertrauen auszusprechen, und grundsätzlich jede Abstimmung mit der Vertrauensfrage verbinden. Das Parlament seinerseits kann zu jeder Zeit der Regierung oder einem ihrer Mitglieder das Mißtrauen aussprechen. Hierzu bedarf es der absoluten Mehrheit aller Abgeordneten (Art. 88 Abs. 2 Verf.); über den Vertrauensantrag der Regierung wird dagegen mit einfacher Mehrheit entschieden (Art. 84 Abs. 2 Verf.). Die Verweigerung des Vertrauens bzw. Zustimmung zum Misstrauensantrag führt zwingend zum Rücktritt. Falls der Ministerpräsident zurück treten muss, folgt ihm das ganze Kabinett.

Die Verfassung gibt der Regierung als Kollegium eine starke Stellung. Es entscheidet u.a. über das Regierungsprogramm und seine Durchführung sowie über Grundsatzfragen der Innen- und Außenpolitik, über den Entwurf des Staatshaushaltsplans, über Gesetzesvorlagen und Regierungsverordnungen sowie internationale Abkommen der Slowakischen Republik. Zur Annahme eines Beschlusses ist die Mehrheit aller Mitglieder des Regierungskollegiums erforderlich. Der Ministerpräsident besitzt keine formelle Richtlinienkompetenz. Politisch nutzen kann er sein Vorschlagsrecht bei der Besetzung der Ministerposten; der Staatspräsident ist entsprechend dem Vorschlag zur Ernennung oder Abberufung eines Ministers verpflichtet.

Regierungsverordnungen können zur Durchführung von Gesetzen und in deren Rahmen erlassen werden; diese untergesetzlichen Rechtsnormen dürfen nur allgemeine Regelungen enthalten. Darüber hinaus können die einzelnen Ministerien und andere zentrale Verwaltungsorgane allgemein verbindliche (untergesetzliche) Rechtsvorschriften erlassen; zum Erlass solcher Rechtsnormen ist eine gesetzliche Ermächtigung erforderlich.

Nach den Wahlen im Juni 1992, noch zu Zeiten der föderativen Tschechoslowakei, bildete die Bewegung für eine Demokratische Slowakei (HZDS) unter der Führung von Vladimír Mečiar in Bratislava eine Minderheitsregierung mit faktischer Unterstützung durch die nationalistische Slowakische Nationalpartei (SNS), bevor beide Parteien im Oktober 1993 formell eine Koalition eingingen. Damit konnte jedoch keine politische Stabilität erreicht werden. In einer verworrenen politischen Situation wurde im März 1994 die Regierung Mečiar durch ein Misstrauensvotum gestürzt und daraufhin Jozef Moravčík von der Demokratischen Union (DU) mit der Kabinettsbildung beauftragt. Seine Minderheitsregierung, die sich über die sie tragende Koalition hinaus faktisch auch auf die Abgeordneten der ungarischen Minorität im Lande stützen konnte, blieb nur eine kurze Episode.

Aus den vorgezogenen Neuwahlen Anfang Oktober 1994 ging als eindeutiger Sieger wiederum die HZDS mit ihrem Parteivorsitzenden Mečiar hervor, die eine Koalitionsregierung mit der Slowakischen Nationalpartei (SNS) und der Arbeitervereinigung der Slowakei (ZRS) bilden konnte. Kováč war bemüht, eine andere Persönlichkeit als Mečiar aus den Reihen der HZDS mit der Regierungsbildung zu beauftragen, mußte aber schließlich erkennen, daß er gegenüber der parlamentarischen Mehrheit keinen Spielraum hatte. Die neue Regierungskoalition behinderte die parlamentarische Opposition und ging dazu über, hohe staatliche Amtsträger und Führungspersonal bei den öffentlich-rechtlichen Medien abzulösen und durch Gefolgsleute zu ersetzen. Den Privatisierungsprozeß in der Wirtschaft nahm sie in Verfolg ihrer Interessen vollständig in die eigene Regie. Diese und andere Vorgänge nährten die Befürchtung, daß sich in der Slowakei unter dem Deckmantel formeller Demokratie politische Eliten mit autoritären und rechtsstaatswidrigen Praktiken etablieren würden. Die Agenda 2000 der Europäischen Union kritisierte die politischen Verhältnisse im Lande mit aller Deutlichkeit (vgl. Europäische Kommission 1997a: 45).

*Tabelle 14:* Regierungen der Slowakischen Republik

| Ministerpräsident | Partei | Amtszeit | Regierungspartei(en) |
|---|---|---|---|
| Mečiar | HZDS | 6.1992 – 3.1994 | HZDS, ab 10. 1993: HZDS; SNS |
| Moravčík | DU | 3.1994 – 12.1994 | SDL'; KDH; DU u.a. |
| Mečiar | HZDS | 12.1994 -10.1998 | HZDS; SNS; ZRS |
| Dzurinda | SDK | 10.1998 - | SDK;SDL'; SMK; SOP |

DU      Demokratická únia (Demokratische Union)
HZDS  Hnutie za demokratické Slovensko (Bewegung für eine Demokratische Slowakei)
KDH    Krest'anskodemokratické hnutie (Christlich-Demokratische Bewegung)
SDK    Slovenská demokratická koalícia (Slowakische Demokratische Koalition)
SDL'    Strana demokratickej l'avice (Partei der Demokratischen Linken)
SMK    Strana mad'arskej koalície (Partei der Ungarischen Koalition)
SNS    Slovenská národná strana (Slowakische Nationalpartei)
SOP    Strana občianskeho porozumenia (Partei der Bürgerverständigung)
ZRS    Združenie robotníkov Slovenska (Arbeitervereinigung der Slowakei)
*Quelle:* eigene Zusammenstellung

Die Ende September 1998 durchgeführten Parlamentswahlen brachten schließlich eine grundlegende politische Wende. Die zur bisherigen Regierung in Opposition stehenden Kräfte konnten einen klaren Sieg in einer

Wahlauseinandersetzung erringen, die allgemein als eine Abstimmung über Politik und Person des bisherigen Ministerpräsidenten Mečiar gewertet wurde. Nach wenigen Wochen kam es zur Bildung einer Koalitionsregierung aus vier Parteien: Die Slowakische Demokratische Koalition (SDK), die Partei der Demokratischen Linken (SDL'), die Ungarische Koalitionspartei (SMK) und die Partei der Bürgerverständigung (SOP), wobei SDK und SMK selbst aus Zusammenschlüssen von mehreren kleineren Parteien bestehen, so dass sich ihre Zahl faktisch auf insgesamt zehn belief. Die Regierung unter dem (damaligen) Christdemokraten und Vorsitzenden der SDK Mikuláš Dzurinda als Ministerpräsidenten kann sich zwar auf eine gesicherte Parlamentsmehrheit stützen. Ihre Position wurde allerdings immer wieder durch Konflikte mit der sie tragenden Vielparteien-Koalition und innerhalb des Bündnisses selbst erschwert, dem viele Beobachter wegen der Vielfalt der in ihr repräsentierten Richtungen von Anbeginn keine lange Lebensdauer gegeben haben.

Bereits im März 1999 war es zu einer Regierungskrise gekommen, weitere sollten folgen. Als besonders schwerwiegend darf man den Vorgang bezeichnen, dass Abgeordnete der Koalition für einen (erfolglosen) Misstrauensantrag der Opposition gegen den Regierungschef gestimmt haben. Die Koalition geriet schließlich in eine schwere Zerreißprobe durch die Gründung einer neuen Partei, der SDKÚ, aus den Reihen der SDK heraus. Dennoch ist es gelungen, das breite Regierungsbündnis für die ganze Legislaturperiode zu bewahren.

Nach der Verfassung obliegt es dem Parlament, die Ministerien und andere Organe der Staatsverwaltung von der zentralen bis zur örtlichen Ebene durch Gesetz zu errichten bzw. aufzulösen. Dazu gehört auch die Regelung der Organisation und die Festlegung der Kompetenzen.

Nach dem Ende des kommunistischen Regimes bestand der erklärte politische Wille, eine nachhaltige Dezentralisierung der öffentlichen Verwaltung durchzuführen. Im Laufe der Jahre sind maßgebende politische Kräfte von den ursprünglichen Vorstellungen immer mehr abgerückt. Der Nationalrat hat im Jahre 1996 Gesetze über die Gebiets- und Verwaltungsordnung sowie über die Organisation der örtlichen Staatsverwaltung verabschiedet. Sie führten nicht nur neue Bezirks- und Kreisverwaltungen ein, sondern hatten auch eine landesweite Expansion der Staatsverwaltung und Stärkung ihres politischen Gewichts zur Folge. Besonders schwerwiegend musste sich die Tatsache auswirken, dass die gesetzlichen Neuregelungen auf klare Kompetenzabgrenzungen gegenüber den Selbstverwaltungskörperschaften verzichteten. Daher sind auch Dienstleistungen in Bereichen wie Schulwesen oder Kultur und Soziales, ihrer Natur nach eher der regionalen oder lokalen Selbstverwaltung zuzuordnen, Teil des Aufgabenbestandes staatlicher Behörden geworden, die im übrigen finanziell besser ausgestattet sind (vgl. Nižňanský 1998: 47f.). Die geschaffenen bürokratischen Strukturen zugunsten einer Stärkung des Selbstverwaltungselements zu ändern, ohne dabei die Leistungen der Daseinsvorsorge zu reduzieren, darf zu den nachhaltigen Aufgaben der Innenpolitik gezählt werden.

### 3.4.3 Kommunale und regionale Selbstverwaltung

Nach der Verfassung besteht ein zweigliedriges System der Selbstverwaltung. Die untere Stufe stellt die Gemeinde (obec) dar, die obere ist der Bezirk (kraj). Erst im Juli 2001 sind durch Gesetz acht Bezirke als Selbstverwaltungseinheiten geschaffen worden.

Die Gemeinden in der Slowakei haben im Rahmen der Gesetze die Befugnis zur Selbstverwaltung in Angelegenheiten ihrer örtlichen Gemeinschaft – dazu gehören beispielsweise Aufgaben im Bereich der öffentlichen Ordnung, der Dienstleistungen oder des Umweltschutzes. Ihnen kann auch die Ausführung staatlicher Verwaltungsaufgaben übertragen werden. Zu den vielfältigen Aufgabengebieten der Bezirke zählen beispielsweise die Umsetzung von Entwicklungsprogrammen, Schulwesen, Umweltschutz und die Lösung von Problemen, die mehrere Kommunen innerhalb eines Bezirks betreffen.

Finanzierungsgrundlage sind auf beiden Ebenen vor allem eigene Einnahmen einschließlich Steuern, hinzu kommen staatliche Zuschüsse. So sieht es die Verfassung vor. Die reale Finanzsituation der Selbstverwaltungskörperschaften ist allgemein schwierig, das Eigenaufkommen zu gering und der staatliche Beitrag unzureichend. Die Mečiar-Ära hatte sich noch dadurch ausgezeichnet, dass Haushaltsmittel auch nach Maßgabe politischer Loyalität an die Kommunen vergeben wurden. Die Umstände haben die Gemeinden mitunter zum Verkauf ihres Eigentums gezwungen oder aber in die Verschuldung getrieben (vgl. Nižňanský 1998: 48ff.). Wie schon erwähnt haben die finanziellen Gegebenheiten und rechtliche Unsicherheiten dazu geführt, dass die staatliche Verwaltung ihren Wirkungskreis auf Tätigkeitsfelder der Selbstverwaltung ausgedehnt hat.

Die demokratische Mitwirkung der Bevölkerung im Rahmen der Selbstverwaltung wird gewährleistet durch Gemeindeversammlungen, Abstimmungen in Kommunen und Bezirken sowie durch gewählte Organe, bestehend aus der Gemeinde- bzw. Bezirksvertretung und dem Bürgermeister (Starosta) bzw. Vorsitzenden (Predseda). Die Selbstverwaltungsorgane werden jeweils für vier Jahre von den Einwohnern direkt gewählt. Der relative Erfolg von Unabhängigen bei den bisherigen Wahlen stützte sich mit auf die Attraktivität des Wortes in der postkommunistischen Republik; dabei hat aber auch die Tatsache eine Rolle gespielt, dass die Parteien organisatorisch auf kommunaler und regionaler Ebene noch deutliche Defizite aufweisen. Die Wahlkämpfe sind (soweit sie überhaupt stattfinden) thematisch eher auf die „große Politik" als auf Angelegenheiten der Selbstverwaltung bezogen. Die Beteiligung an den Gemeindewahlen in den Jahren 1994 und 1998 lag wenig über 50%; an den Bezirkswahlen Ende 2001 nahm nur rund ein Viertel der Wahlberechtigten teil.

Volksabstimmungen, zu denen auch Volksbefragungen gehören, kommt keine praktisch-politische Bedeutung zu. Erwähnenswert ist die Volksbefragung in der Stadt Štúrovo vom April 1998, in der die Haltung zu einem NATO-Beitritt der Slowakei und zur Direktwahl des Staatspräsidenten im Ort erfragt werden sollte. Das Ergebnis war ungültig, die Beteiligung hatte knapp die notwendigen 50% der registrierten Wählerinnen und Wähler verfehlt (vgl. Mesežnikov 1999: 34).

## 3.5  Rechtsprechende Gewalt

### 3.5.1 Gerichte und Staatsanwaltschaft

Das allgemeine Gerichtswesen gliedert sich organisatorisch in Kreis- und Bezirksgerichte (als Instanzgerichte) und ein Oberstes Gericht. Die Zuständigkeit erstreckt sich auf alle Zivil- und Strafsachen, darüber hinaus auf die Überprüfung von Entscheidungen der öffentlichen Verwaltung. Besondere Gerichtszweige wie Arbeits-, Verwaltungs- oder Finanzgerichtsbarkeit bestehen nicht. Eine Militärgerichtsbarkeit gibt es nicht mehr.

Die Berufsrichter wurden zunächst auf Vorschlag der Regierung vom Parlament mit einfacher Mehrheit auf vier Jahre gewählt; nach Ablauf der befristeten Amtsperiode konnten sie – wiederum auf Vorschlag der Regierung – in einem weiteren Wahlakt ohne zeitliche Begrenzung berufen werden. Die Gefahren für die richterliche Unabhängigkeit gegenüber der Politik, die mit einem solchen Verfahren verbunden sind, liegen auf der Hand: Mancher Richter wird bemüht gewesen sein, während der „Probezeit" durch seine Urteilspraxis nicht den Unwillen der politischen Entscheidungsträger zu wecken. Eine Verfassungsnovelle vom Februar 2001 hat zu einer Neuregelung geführt, so dass die Richter jetzt auf Vorschlag eines unabhängigen Richterrates vom Staatspräsidenten ernannt und gleich auf unbegrenzte Zeit berufen werden (Art. 145 Verf.).

Die Staatsanwaltschaft fungiert nicht nur als Strafverfolgungsbehörde. Ihr ist allgemein die Aufgabe übertragen, die Rechte und die durch Gesetz geschützten Interessen von natürlichen und juristischen Personen sowie des Staates zu wahren. Sie verfügt über Kompetenzen, mit denen sie auf die einheitliche Rechtsanwendung durch die öffentliche Verwaltung und die Gerichtsbarkeit hinwirken kann (vgl. Čič u.a. 1997: 564).

### 3.5.2 Verfassungsgerichtsbarkeit

Zur Sicherung der Verfassungsmäßigkeit staatlichen Handelns besteht außerhalb der allgemeinen Gerichtsbarkeit das Verfassungsgericht. Ihm gehören dreizehn Berufsrichter an, die vom Staatspräsidenten auf Vorschlag des Parlaments für eine Amtszeit von zwölf Jahren ernannt werden; Wiederernennung ist möglich. Das Verfassungsgericht verfügt über umfangreiche Kompetenzen. Unter anderem ist es zuständig für die abstrakte Normenkontrolle (Vereinbarkeit von Gesetzen mit der Verfassung und den Verfassungsgesetzen, von untergesetzlichen Rechtsvorschriften mit Gesetzen und von nationalen Rechtsnormen mit internationalen Verträgen), bei Kompetenzstreitigkeiten zwischen Zentralorganen der staatlichen Verwaltung und in Streitfällen über die Auslegung der Verfassungsgesetze. Es ist außerdem zuständig für die konkrete Normenkontrolle (ein Gericht hält in einem laufenden Verfahren eine entscheidungsrelevante Rechtsnorm für unvereinbar mit höher rangigem Recht und legt die Rechtsfrage zur Entscheidung vor). Das Verfassungsgericht hat schließlich weitgehende Entscheidungskompetenzen zum Schutz der Grundrechte der Bürgerinnen und Bürger. Zu erwähnen bleiben noch seine Befugnisse zur Überprüfung von Wahlen und Volksabstimmungen sowie im Parteiverbotsverfahren (vgl. Čič u.a. 1997: 427ff., 473ff.). Gegen seine Entscheidungen ist kein Rechtsmittel zulässig.

Das Verfassungsgericht ist durch seine Urteile im Konfliktfeld der Politik mehr und mehr in das öffentliche Bewusstsein gerückt und genießt grundsätzliche Anerkennung, einzelne Urteile haben jedoch in Teilen der Gesellschaft heftigen Widerspruch gefunden. Die jeweilige parlamentarische Opposition hat es häufiger und teilweise erfolgreich in Anspruch genommen, um im Nationalrat getroffene Entscheidungen juristisch zu revidieren. Das Gericht hat vor allem durch seine Urteile zur Vereinbarkeit von Rechtsnormen mit höherrangigem Recht Bedeutung erlangt (vgl. Galanda/Földesová/Benedik 1999: 92). Als Hüter von individuellen Grundrechten ist es dagegen weniger in Erscheinung getreten. Nur ein kleiner Teil der Anträge wurde überhaupt zur Entscheidung angenommen, die meisten aus Rechtsgründen (Zuständigkeit etc.) nicht zugelassen.

*Graphik 4:* Staatsorganisation der Slowakischen Republik

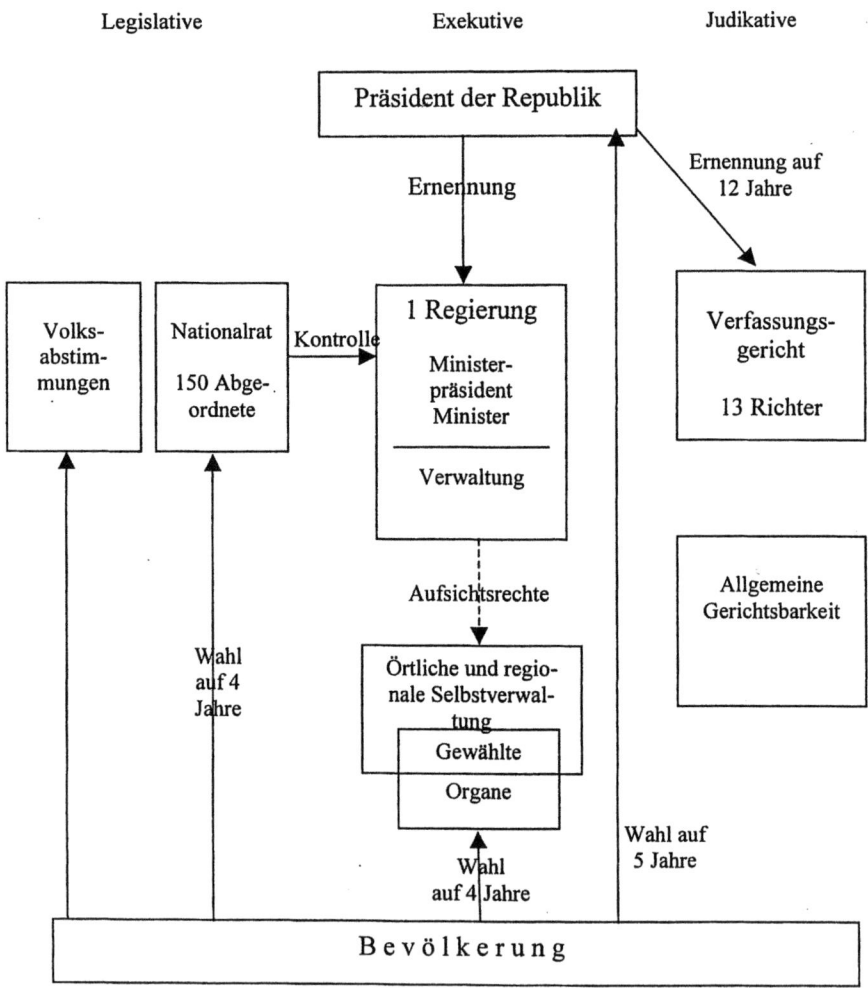

## 3.6 Bürgerbeauftragter

Als unabhängiges Organ zum Schutz der Grundrechte und der verfassungsrechtlich garantierten Freiheiten der Bürgerinnen und Bürger gegenüber der öffentlichen Verwaltung ist durch Verfassungsnovelle vom Februar 2001 die Institution eines Bürgerbeauftragten (Verejný ochranca práv) eingeführt worden. Das Parlament wählt den ombudsman für eine Amtszeit von fünf Jahren. Er wird auf Veranlassung von außen oder aus eigener Initiative tätig und hat zur Klärung konkreter Sachverhalte gegenüber der Verwaltung das Recht auf Akteneinsicht und weitergehende Informationen. Im Falle von Rechtsverletzungen hat er gegenüber den zuständigen Instanzen für Abhilfe zu sorgen.

Noch ist die Institution zu jung (die Wahl des ersten Amtsinhabers wurde zudem verzögert), um eine verlässliche Aussage machen zu können, inwieweit sie von der Bevölkerung angenommen wird.

## 3.7 Gesellschaftliche Organisationen politischer Teilhabe

### 3.7.1 Politische Parteien

#### 3.7.1.1 Vorbemerkungen

In der Ersten Tschechoslowakischen Republik bestand das Parteiensystem aus regionalen und gesamtstaatlichen Parteien, letztere bildeten jedoch vielfach spezielle slowakische Landesorganisationen. Nach der kommunistischen Machtübernahme im Jahre 1948 gab es neben der Kommunistischen Partei der Slowakei – nunmehr im Status einer Gebietsorganisation der gesamtstaatlichen Kommunistischen Partei (KPČ) – noch zwei kleine, politisch völlig bedeutungslose Blockparteien, die allein auf slowakischem Territorium tätig waren. Die Ausgangssituation für die Bildung eines pluralistischen Parteiensystems nach dem Zusammenbruch des kommunistischen Regimes war noch schwieriger als im tschechischen Landesteil der damaligen Tschechoslowakei, wo es vor 1989 erkennbare Ansätze politischer Opposition gegen die herrschende Kommunistische

Partei vor allem in Gestalt der Charta 77 gegeben hatte. In der Slowakei waren sie in den siebziger und achtziger Jahren schwächer (vgl. Szomolányi/Meseznikov 1997: 135).

Wesentlich geformt wird das Parteiensystem durch die grundlegenden Trennlinien in der Gesellschaft, die in der Slowakei weniger von sozioökonomischen Interessen sondern mehr von kulturellen Orientierungen bestimmt sind. Auf der einen Seite befinden sich Traditionalisten, die für ethnisch-historische Kontinuität, Gemeinschaft, autoritären Führungsstil etc. stehen, und auf der anderen Modernisierer oder „Westler" mit Vorstellungen von liberaler Demokratie, Individualismus, Säkularisierung etc. (grundsätzlich dazu Markus 1999: 30ff.). Zu den Parteien, die der ersten Gruppe zuzuordnen sind, gehören beispielsweise HZDS und SNS; zu den Parteien der anderen Gruppe zählen u.a. SDL', SMK und SDKÚ. Die unterschiedlichen Lager, die das Land nachhaltig polarisieren, stehen politisch nicht in einem Rechts-Links-Verhältnis zueinander, vielmehr ist dieses Spektrum in jedem der beiden repräsentiert.

Unmittelbar nach der Wende vom November 1989 wurden zahlreiche Parteien und politische Bewegungen gegründet, die sich jedoch nicht zu einem stabilen Parteiensystem fügten. Interne Konflikte und Abspaltungen hatten neue Konstellationen zur Folge. Eine Novellierung des Wahlgesetzes im Mai 1998, mit der die Erfolgsaussichten für kleine Parteien in Wahlkoalitionen erschwert wurden, hat zu einem Zusammenschluss solcher Parteien geführt und auch ein Zeichen gegen eine fortschreitende Fragmentierung gesetzt.

Das Parteiensystem der Slowakei ist jedoch bis heute noch nicht konsolidiert. Noch in jüngster Zeit ist es zu beträchtlichen Verschiebungen im Gefüge gekommen, angestoßen durch eine neue Welle von Parteigründungen.

## 3.7.1.2 Parteien im Überblick

Die nachfolgende Darstellung beschränkt sich nicht auf die Parteien, die aufgrund ihrer Wahlerfolge parlamentarisch vertreten sind resp. waren und so für die politische Entwicklung des Landes besondere Bedeutung erlangt haben, sondern erfasst auch jene Neugründungen, von denen für die Zukunft parlamentarisch-politischer Einfluss zu erwarten ist (zu den Parteien insgesamt vgl. Cramer-Langer 1998; Schneider 1999; Lang 2000; Mesežnikov 2001: 43ff.).

*Bewegung für eine Demokratische Slowakei*

Die Bewegung für eine Demokratische Slowakei, HZDS (Hnutie za demokratické Slovensko) ist bisher die erfolgreichste politische Partei des Landes. Gegründet wurde sie Anfang Mai 1991 aus den Reihen der slowakischen Oppositionsbewegung der Wendezeit, der Öffentlichkeit gegen Gewalt, die als Pendant zum tschechischen Bürgerforum um Václav Havel und andere Dissidenten bezeichnet werden kann. Die beherrschende Persönlichkeit der HZDS war von Anbeginn und ist bis in die heutigen Tage der Parteivorsitzende Vladimír Mečiar, der einen eher autoritären Führungsstil praktiziert und weniger demokratische Kultur erkennen lässt. Die Partei versteht sich als breite Sammlungsbewegung einer demokratischen, nationalemazipatorischen Mitte. Sie beruft sich u.a. auf christliche Werte, das politisch-ideologische Fundament bleibt aber insgesamt diffus. Ihre Programmatik verspricht eine Wirtschaftspolitik, die ökonomische Prosperität und sozialen Schutz der Bevölkerung gewährleistet. Viel innenpolitische Kritik erntete Mečiar für seine Privatisierungspolitik, mit der er sich den berechtigten Vorwurf der „Vetternwirtschaft" einhandelte. Die offizielle Linie der Partei strebte stets die Westintegration der Slowakei an, intern ist diese Position umstritten geblieben.

Die HZDS hat die Geschicke der Republik als führende Partei in zwei Koalitionsregierungen – mit einer kurzen Unterbrechung im Jahre 1994 – bis zum politischen Wechsel 1998 gelenkt. Sie ist nach wie vor die größte Partei des Landes.

*Slowakische Demokratische Koalition*

Zunächst als ein lockeres Bündnis von fünf Parteien im Juli 1997 entstanden hat sich die Slowakische Demokratische Koalition, SDK (Slovenská demokratická koalícia), ein Jahr später unter dem Druck der Wahlgesetznovelle zu einer einzigen Partei zusammen geschlossen, deren Glieder aber autonom geblieben sind. Der Koalitionspartei gehören an die Christlich-Demokratische Bewegung (KDH), die Demokratische Union (DU), die Demokratische Partei (DS) sowie die Sozialdemokratische Partei (SDSS) und die Partei der Grünen (SZ). Eine kurze Darstellung ihrer Sub-Parteien zeigt die Breite des politischen Spektrums.

Mit der Christlich-Demokratischen Bewegung erschien im Februar 1990 eine Partei mit katholisch-konservativer Prägung auf der politischen Bühne; von ihr spaltete sich sehr bald ein starker national und sozial orientierter Flügel ab. Die Partei bekennt sich zu den christlichen Grundwerten. Sie macht sich für die Individualrechte stark und ist stets für eine zügige Privatisierung der Wirtschaft eingetreten. Ihre Ausrichtung auf nationale Interessen umfasst(e) auch die Befürwortung des Donau-Stauprojekts Gabčíkovo und des Kernkraftwerks Mochovce. Sie tritt engagiert für den Beitritt des Landes zur NATO und EU ein.

Von enttäuschten HZDS-Politikern und Gegnern ihres Vorsitzenden Mečiar wurde im März 1994 die Demokratische Union gegründet. Die Union, die sich als zentralistische Partei mit national-liberaler Ausrichtung vor allem mit wirtschaftspolitischen Themen profiliert hat, ist im Jahre 2000 in der neu gegründeten SDKÚ aufgegangen.

Die Demokratische Partei, während des Slowakischen Nationalaufstands im Jahre 1944 konstituiert, ist im Dezember 1989 neu entstanden. Sie stellt sich als bürgerlich-konservativ dar und hebt sich gegenüber der Christlich-Demokratischen Bewegung mit dem Anspruch ab, Bürger aller christlichen Konfessionen zu vertreten.

Die Sozialdemokratische Partei hat in der heutigen Slowakei nur geringe Bedeutung. Sie versteht sich als Reformpartei, die sich in den Grundwerten der sozialen Gerechtigkeit und Solidarität verpflichtet sieht. Gegenüber dem Bestreben nach EU-Beitritt hat sie bisher eher eine vorsichtige Haltung eingenommen.

Die Partei der Grünen ist wenige Monate nach der Wende entstanden. Sie setzt sich für die Belange des Umweltschutzes und für eine umfassende Demokratisierung ein, ohne dabei nennenswerten Rückhalt in der Bevölkerung zu erlangen.

Mit der Gründung der Partei SDKÚ Ende des Jahres 2000 aus den Reihen der SDK heraus ist die Bündnispartei zweifellos in eine Krise geraten und geht einer ungewissen Zukunft entgegen. Die Entwicklung hatte eine Schwächung ihrer Parlamentsfraktion zur Folge. Dennoch ist die SDK ein tragendes Element der Regierungskoalition geblieben. Sie stellte mit Mikuláš Dzurinda, mittlerweile Vorsitzender der SDKÚ, für mehrere Jahre auch den Ministerpräsidenten.

*Partei der Demokratischen Linken*

Aus den Reihen der Kommunistischen Partei der Slowakei hervor gegangen ist die Partei der Demokratischen Linken, SDL' (Strana demokratickej l'avice), die sich im Januar 1991 konstituiert hat. Unter der Führung jüngerer Politiker der „Perestrojka-Generation" hat sich die Partei von den programmatischen Positionen des Marxismus-Leninismus getrennt und bekennt sich zum Leitbild eines Demokratischen Sozialismus. Sie votiert in Abkehr vom politischen Zentralismus für Selbstverwaltung, und sie macht sich für die Belange der sozialen Sicherheit stark. Beobachter schätzen die SDL' heute als sozialdemokratische Reformpartei ein, mittlerweile gehört sie der Sozialistischen Internationalen an. Sie steht der Einbindung der Slowakei in die westlichen Strukturen durchaus positiv gegenüber. Seit 1998 ist sie regierungstragende Partei.

*Ungarische Koalitionspartei*

Die ungarische Minderheit wurde für einige Jahre durch drei Parteien repräsentiert, die sich in einem Bündnis, der Ungarischen Koalition, zu-

sammengeschlossen hatten. Die Ungarische Christdemokratische Bewegung, eine Partei mit konservativer Orientierung, war die stärkste Kraft
unter ihnen. Weiterhin gehörte eine Partei mit der Bezeichnung Zusam-
menleben dazu, die sich mit ethnisch-nationalen Positionen zur Fürspre-
cherin der Rechte nationaler Minderheiten gemacht hat. Schließlich ist
noch die liberale Ungarische Bürgerpartei zu nennen. Nach der Wahlrechtsnovelle vom April 1998 benannten sich die Christdemokraten um in
Ungarische Koalitionspartei, SMK/MKP (Strana mad'arskej koa-
lície/Magyar Koalició Pártja), der die beiden anderen Parteien im Juni
1998 beigetreten sind. Parteiinterne Plattformen sollen den verschiedenen
Richtungen eine politische Basis geben. Die ungarischen Parteien sind
lange Zeit im slowakischen Parteiensystem weitgehend isoliert geblieben,
stigmatisiert durch den Vorwurf mangelnder Staatsloyalität. Mit der
SMK/MKP sind die ungarischen Vertreter nun, nach den Wahlen vom
September 1998, erstmals an einer Koalitionsregierung beteiligt.

*Slowakische Nationalpartei*

Die im März 1990 gegründete Slowakische Nationalpartei, SNS (Slovenská národná strana), hat sich von Anbeginn für die Auflösung der
Tschechoslowakei und die Eigenstaatlichkeit eingesetzt. Es handelt sich
um eine Partei mit nationalistischen Zügen. Die Privatisierung der Wirtschaft „in nationalen Händen", Bewahrung größerer Rüstungskapazitäten
sowie Stärkung der inneren Sicherheit und des Staatsschutzes gehören in
den Kanon ihrer politischen Zielsetzungen. Profiliert hat sie sich zudem
durch eine konfrontative Politik gegenüber der ungarischen Minderheit.
Vorbehalte bestehen gegen eine Mitgliedschaft des Landes in der NATO
und der EU. Die Partei war bisher zweimal an einer HZDS-geführten Koalitionsregierung beteiligt.

*Arbeitervereinigung*

Als eine links-orientierte, sozialistische Partei hat sich im Frühjahr 1994
die Arbeitervereinigung der Slowakei, ZRS (Združenie robotníkov Slovenska), konstituiert, die programmatisch gegen die Liberalisierungspoli-
tik, gegen Reformstrategie und Marktwirtschaft auftrat. Sie zog im Herbst

1994 in den Nationalrat ein und wurde Koalitionspartner von Mečiar und seiner HZDS (sowie der SNS). Eine widersprüchliche, teils gegen die Interessen der eigenen Wählerschaft gerichtete Politik als Regierungspartei und interne Konflikte dürften die wesentlichen Gründe gewesen sein, dass die ZRS bei den Wahlen 1998 eine vernichtende Niederlage hinnehmen musste und in der Bedeutungslosigkeit versank.

*Partei der Bürgerverständigung*

Die Partei der Bürgerverständigung, SOP (Strana občianskeho porozumenia) wurde erst Anfang 1998 gegründet. Sie ist im Umfeld des derzeitigen Staatspräsidenten und damaligen Bürgermeisters von Košice, Rudolf Schuster, entstanden, der die Partei zunächst auch angeführt hat. Sie verfügt über ein Programm, das wenig aussagekräftig ist. Ihre Positionen lassen sich als sozial-ökologisch und marktwirtschaftlich beschreiben; in der Außenpolitik ist sie eindeutig auf den Westen hin orientiert. Der im Herbst 1998 gebildeten Regierungskoalition ist die SOP als Partner mit der kleinsten Parlamentsfraktion beigetreten.

*Richtung*

Im Dezember 1999 trat eine weitere Partei mit dem Namen Richtung, Smer, an die Öffentlichkeit. Sie fand sehr schnell breite Zustimmung in der Bevölkerung und wurde damit zu einer der starken politischen Kräfte im Lande. Die Partei lebt weitgehend von der Popularität ihres Begründers und Vorsitzenden Robert Fico (früher stellvertretender Vorsitzender der SDL'), einem politischen Pragmatiker und Populisten. Innenpolitisch ist sie ohne klares Profil; in der Außenpolitik tritt sie für die Mitgliedschaft der Slowakei in der EU und (bestätigt durch ein Referendum) der NATO ein. Smer behält sich für die Zukunft Koalitionsoptionen nach verschiedenen Seiten vor.

*Slowakische Demokratische und Christliche Union*

Ende des Jahres 2000 kam es zu der lange angekündigten Gründung der Slowakischen Demokratischen und Christlichen Union, SDKÚ (Slovenská demokratická a krest'anská únia), mit Ministerpräsident Dzurinda als Vorsitzenden, der sich mit diesem Schritt offenkundig eine „Hausmacht" schaffen wollte. Voraus gegangen war ein Konflikt um die Zukunft der SDK; dabei hatte sich der Regierungschef mit seinem Konzept einer Stärkung der politischen Bindung im SDK-Bündnis durch seine Umwandlung in eine Union nicht durchsetzen können. Die neue Partei versteht sich als politische Heimat für Christen aller Konfessionen, Liberale und moderne Konservative. Sie will eine Volkspartei der rechten Mitte sein; die deutsche CDU gilt ihr als Vorbild. Programmatisch ist sie wenig profiliert. Zweifellos unterstützt sie den innenpolitischen Reformkurs und die außenpolitische Strategie der Regierung Dzurinda. Sie steht mit ihrer politischen Ausrichtung der Christlich-Demokratischen Bewegung, aus der ihr Vorsitzender kommt, und auch der Demokarischen Partei nahe. Alle drei sind mithin Konkurrenten im Wettbewerb um dasselbe Wählerpotential. Nach Umfrage-Ergebnissen kann die SDKÚ bei den nächsten Parlamentswahlen mit über 10% der Stimmen rechnen.

*Allianz des neuen Bürgers*

Schließlich wurde Mitte des Jahres 2001 die Allianz des neuen Bürgers, ANO (Aliancia noveho obcana) ins Leben gerufen. Sie ist eine „Schöpfung" ihres Vorsitzenden Pavol Rusko, der als Eigentümer verschiedener Medien (Presse und Fernsehen) über erheblichen Einfluss in der Slowakei verfügt.

Das Programm der Allianz ist ohne richtungweisende Aussage. Gewissermaßen als Ersatz dafür hat Rusko bekannte und profilierte Persönlichkeiten als Mitstreiter für die Partei gewinnen können. ANO werden ebenfalls gute Chancen eingeräumt, bei den Parlamentswahlen im Herbst 2002 die 5%-Hürde zu überwinden.

### 3.7.2 Verbände/Interessengruppen

Die Gründung von Vereinigungen zur Wahrung von Interessen ist durch die Verfassung gewährleistet. Jeder hat das Recht, sich zusammen mit anderen zu Vereinigungen jedweder Art zusammenzuschließen (Art. 29 Verf.). Die Vereinigungsfreiheit zum Schutz wirtschaftlicher und sozialer Interessen wird darüber hinaus noch einmal gesondert geschützt (Art. 37 Verf.). Die wichtigsten Interessengruppen des wirtschaftlichen Lebens sind der Gewerkschaftsverband KOZ (Konfederácia odborových zväzov; Nachfolger der alten Gewerkschaftsbewegung aus kommunistischer Zeit) und die Vereinigung der Unternehmerverbände AZZZ (Asociácia zamestnávateľ'ských zväzov a združení), in der über 40 Einzelverbände zusammengefasst sind. Die Gewerkschaften sind sichtlich um eine überparteiliche Position bemüht, für ihre Handlungsfähigkeit scheint das angesichts ihrer Rolle vor der Wende auch unverzichtbar. Eines der großen Probleme des KOZ ist der kontinuierliche Mitgliederschwund. Daneben ist eine Reihe weiterer Interessengruppen entstanden, zu der verschiedene kleine Einzelgewerkschaften, Kammern und Handelsverbände gehören.

Die herausragende Bedeutung des Gewerkschaftsverbandes KOZ und der Unternehmervereinigung AZZZ wird darin dokumentiert, dass beide zusammen mit der Regierung den Rat für Wirtschaftliche und Soziale Übereinkunft RHSD (Rada hospodárskej a sociálnej dohody) bilden. Dieses dreiseitige Gremium verabschiedet einen jährlichen Generalvertrag, ein juristisch unverbindliches Abkommen, mit dem Eckdaten der wirtschaftlichen und sozialen Entwicklung des Landes verabredet werden. Die Gewerkschaften und die Arbeitgeber, die beide auch Tarifparteien sind, haben zeitweise im Konflikt mit der Regierung ihre Mitwirkung im RHSD ausgesetzt. Allgemein betrachtet haben sich die korporatistischen Strukturen nicht bewährt. Sie kranken vor allem daran, dass der Rat mangels Regelungskompetenz zur Durchsetzung konkreter Politik nicht tauglich sein kann und im übrigen auch die Breite des gesellschaftlichen Interessenspektrums nicht hinreichend widerspiegelt.

Die Verbände insgesamt, deren Einfluss auf die Politik tendenziell gewachsen ist, suchen verstärkt den direkten Kontakt zu den Entscheidungsträgern und hier in erster Linie zur Regierung resp. den einzelnen Ministerien, um ihre Interessen anzumelden. Die Exekutive ihrerseits bestimmt Art und Umfang der Kommunikation. Die Regierung Dzurinda hat außer Gewerkschaften und Arbeitgeberverbänden auch anderen wich-

tigeren Interessengruppen einen öffentlichen Status und grundsätzlich die
Mitwirkung am politischen Entscheidungsprozess zugebilligt (vgl. Malová 1999: 122). Daneben unterhält der verbreitete Klientelismus seine spezifischen Strukturen der Einflussnahme (vgl. Krivý 1998: 42).

## 3.8  Aspekte der politischen Kultur

In der Tschechoslowakei hat es in den letzten Monaten ihrer Existenz
keine überzeugende Mehrheit für die Teilung des Staates gegeben. Nach
einer repräsentativen Umfrage vom September 1992 stimmten in der
tschechischen Teilrepublik 46% für und 45% gegen die staatliche Trennung; im slowakischen Landesteil votierten 41% dafür und 46% dagegen.
Das Ergebnis ist insofern überraschend, als entsprechende Impulse seinerzeit gerade von der slowakischen Führung ausgingen. Dabei war eine
überwältigende Mehrheit von 78% der Slowaken davon überzeugt, dass
sich die politische und wirtschaftliche Situation ihres Landes im Falle
einer Teilung mehr oder minder stark verschlechtern würde; nur 12%
erwarteten eine positive Entwicklung (vgl. Kipke 1993: 49). In der heutigen Slowakei gibt es keine nennenswerten politischen Kräfte mehr, die
eine föderale „Wiedervereinigung" mit der Tschechischen Republik an-
strebten.

Die Lebenssituation vieler Menschen in der Slowakei ist geprägt von wirtschaftlichen Schwierigkeiten und Zukunftsängsten. Längerfristige Untersuchungen zeigen, dass Arbeitslosigkeit, soziale Sicherheit und Sicherung
des Lebensstandards von der Bevölkerung als die drängendsten Probleme
angesehen werden (vgl. Bútorová/Gyárfášová/Velšic 2001: 200). Die
grundsätzliche Einstellung zur Demokratie und zum politischen System in
den ersten Jahren der postkommunistischen Republik weist erkennbare
Schwankungen auf und hat sich in der Tendenz deutlich verschlechtert.

Andere Untersuchungen aus dieser Zeit lassen den Schluss zu, dass die
Anhängerschaft demokratischer Prinzipien mehr unter Personen mit höhe-
rer Bildung, der jungen und mittleren Generation, in den großen Städten
und unter der ungarischen Minderheit zu finden ist. Sie zeigen überdies,

dass ein gutes Drittel der Bevölkerung ein (wie auch immer geartetes) Mischsystem mit demokratischen Anteilen bevorzugte und eine stabile Minderheit von etwa 10% für ein nichtdemokratisches Ordnungsmodell votierte (vgl. Bútorová 1998b: 113).

*Tabelle 15:* Demokratie- und Systemzufriedenheit, 1990 bis 1995

| Was würden Sie im allgemeinen zur Demokratie in der Slowakischen Republik und zum ganzen politischen System sagen? Sind Sie damit...? (Antworten in %) | | | | |
|---|---|---|---|---|
| | 1990 | 1992 | 1994 | 1995 |
| zufrieden | 9 | 1 | 3 | 2 |
| einigermaßen zufrieden | 55 | 68 | 70 | 43 |
| nicht zufrieden | 28 | 29 | 27 | 55 |
| keine Angabe | 8 | 2 | 0 | 0 |

*Quelle:* Plasser, Fritz/Ulram, Peter A./Waldrauch, Harald: Politischer Kulturwandel in Ost-Mitteleuropa, Opladen 1997, S.110.

Folgt man einer Studie von 1998, so ist die Zustimmung zum demokratischen Prinzip deutlich gestiegen. Sie lag danach in der Slowakei – ebenso wie in der Tschechischen Republik – bei 88% (vgl. Brokl/Mansfeldová 2002). Skeptisch darf man sein, ob die normative Zustimmung in der Praxis einer „gelebten Demokratie" entsprechende Verankerung gefunden hat angesichts der Tatsache, dass in der slowakischen Bevölkerung die Zahl derer, die ihre Lebensumstände verschlechtert sehen gegenüber denen vor 1989, stetig gestiegen ist. In einer repräsentativen Befragung vom März 2000 haben 70% angegeben, dass sie im Realsozialismus besser gelebt haben als zum aktuellen Zeitpunkt (vgl. Velšic 2001: 22).

Empirische Daten zum Vertrauen der Bevölkerung in die vier Verfassungsorgane Staatspräsident, Parlament, Regierung und Verfassungsgericht weisen insgesamt gesehen für die letzten Jahre eine sinkende Tendenz auf. Das jeweilige Vertrauensniveau bestätigt prinzipiell bekannte Befunde über seine Abhängigkeit von bestimmten Wahrnehmungsaspekten (vgl. Plasser/Ulram/Waldrauch 1997: 139): Die als kompetitiv und parteilich eingeschätzten Verfassungsorgane Parlament und Regierung

haben die schlechtesten Werte zu verzeichnen; die Relation von Vertrau-
ens- zu Misstrauenswerten war in dem hier erfassten Zeitraum (s. Tabelle
unten) lediglich in der Aufbruchstimmung nach dem Regierungswechsel
1998 positiv. Der Präsident der Republik kann sich mit seinen überparteilichen Funktionen davon positiv absetzen, das Niveau liegt hier vergleichsweise hoch. Das Verfassungsgericht wird generell vor allem in
seiner institutionellen Rolle wahr genommen. Das zu erwartende, relativ
hohe Vertrauen hat im Jahre 2000 einen „Einbruch" erfahren. Dieser
dürfte mit einem Urteil zugunsten eines strafrechtlich verfolgten, früheren
Geheimdienstchefs zusammen hängen, das zu heftiger Kritik geführt und
die Reputation des Gerichts als „Hüter der Verfassung" – zumindest vor-
über gehend – in Teilen der Gesellschaft beschädigt hat (vgl. Benedik
2001: 97).

*Tabelle 16:*   Vertrauen der Bevölkerung in die Verfassungsorgane
                (Vertrauen : Misstrauen, Antworten in %)

|  | 1998 Juni | 1999 Januar | 1999 Oktober | 2001 Mai |
|---|---|---|---|---|
| Staatspräsident | - | - | 64 : 33 | 58 : 37 |
| Parlament | 43 : 48 | 57 : 34 | 35 : 60 | 31 : 62 |
| Regierung | 36 : 60 | 57 : 37 | 38 : 58 | 34 : 62 |
| Verfassungsgericht | 68 : 20 | 62 : 26 | - | 48 : 41 |

*Quelle:* Bútorová, Zora/Gyárfášová, Ol'ga/Velšic, Marián: Public Opinion, in: Mesežnikov, Grigorij/Kollár, Miroslav/Nicholson, Tom (Hrsg.), Slovakia 2000. A Global Report
on the State of Society, Bratislava 2001, S. 206.

## 3.9  Minderheiten und Minderheitenpolitik

Die Statistik weist die Slowakei heute als den einzigen Staat im östlichen
Mitteleuropa aus, in dem eine größere nationale Minderheit lebt: Etwa
10% oder gut 500.000 der slowakischen Bürgerinnen und Bürger sind
ethnische Ungarn, deren Siedlungsgebiete sich auf den Süden der Slowakei konzentrieren. Die Roma im Lande machen laut Statistik nur 1,7% der
Bevölkerung aus; nach Schätzungen beläuft sich ihre tatsächliche Zahl auf

das Dreifache und mehr. Sie sind gesellschaftlicher Benachteiligung ausgesetzt, so daß sich offenbar viele nicht öffentlich zu ihrem Volkstum bekennen wollen. Hinzu kommen die Tschechen mit rund 1% der Bevölkerung sowie Deutsche, Polen, Ukrainer und Ruthenen, die zusammen eine Minderheit von weniger als 1% bilden. Vor dem Zweiten Weltkrieg stellten die Deutschen (Karpatendeutsche und Zipser Sachsen) nach der Zählung von 1930 eine Minderheit von immerhin 4,5% der Gesamtbevölkerung in der Slowakei dar (vgl. Podolák 1998: 12, 63).

*Tabelle 17:* Nationalitäten in der Slowakischen Republik

| Nationalität | 1991 | | 2001 | |
|---|---|---|---|---|
| | absolut | in % | absolut | in % |
| Slowaken | 4.519.328 | 85,7 | 4.614.854 | 85,8 |
| Ungarn | 567.296 | 10,8 | 520.528 | 9,7 |
| Roma | 75.802 | 1,4 | 89.920 | 1,7 |
| Tschechen/Mährer | 52.884 | 1,0 | 46.968 | 0,9 |
| Ruthenen | 17.197 | 0,3 | 24.201 | 0,4 |
| Ukrainer | 13.281 | 0,3 | 10.814 | 0,2 |
| Deutsche | 5.414 | 0,1 | 5.405 | 0,1 |
| Polen | 2.659 | 0,0 | 2.602 | 0,0 |
| Übrige und nicht Ermittelte | 20.664 | 0,4 | 64.163 | 1,2 |
| Gesamtbevölkerung | 5.274.525 | 100,0 | 5.379.455 | 100,0 |

*Quellen:* Podolák, Peter: Národnostné menšiny v Slovenskej republike, Martin 1998, S. 12; www..statistics.sk/webdata/slov/scitanie/tab/tab3.htm (08. 01. 2002).

Das Verhältnis zwischen Slowaken und Ungarn stellt sich als eine nachhaltige Belastung der heutigen Republik dar. Die Konflikte zwischen beiden Volksgruppen waren der „Wegbegleiter der revolutionären Veränderungen in der slowakischen Gesellschaft", schreibt einer der führenden Akteure des demokratischen Umbruchs im Herbst 1989, „vom ersten Augenblick an wussten wir, dass das Problem tiefer und über den Rahmen des Verhältnisses der Slowaken zu irgendeiner nationalen Minderheit hinausgeht" (Gál 1991: 71). Die Geschichte hat für wechselseitige Vorbehalte und Feindbilder zweifellos einen fruchtbaren Boden hinterlassen. Die Slowakei gehörte seit dem 10. Jahrhundert, nach dem Untergang des Großmährischen Reiches, zu Ungarn („Oberungarn"). Nach Jahrhunderten getrennter Entwicklung machten die Ergebnisse des Ersten Weltkriegs dann die Gründung eines gemeinsamen Staates von Tschechen und Slowaken möglich. Die Slowakei war der unterentwickelte, agrarisch strukturierte Landesteil der jungen Tschechoslowakei; die höheren Positionen in der Staatsverwaltung, die bisher mit ungarischen Beamten besetzt waren, übernahmen fast ausschließlich Tschechen. Die südlichen Gebiete der Slowakei kamen im März 1939 an Ungarn (Wiener Schiedsspruch), und viele slowakische Bewohner wurden vertrieben. Begleitet von einem begrenzten Bevölkerungsaustausch von Slowaken und Ungarn kam die Region 1947 wieder an die Tschechoslowakei, wo Enteignungsmaßnahmen auf der Grundlage der Beneš-Dekrete auch die ungarische Bevölkerung trafen.

Nach der politischen Wende des Jahres 1989 erhob die ungarische Minderheit Forderungen nach einem Autonomiestatus für ihr Gebiet, die keine Chance auf Realisierung hatten. Die Teilung der Tschechoslowakei hat sie überwiegend abgelehnt; offenkundig sah man in dem gemeinsamen Staat mit zehn Millionen Tschechen, in dem die Slowaken selbst nur eine Minderheit von etwa einem Drittel der Gesamtbevölkerung bildeten, eine größere Gewähr für die nationale Identität (vgl. Cramer-Langer 1998: 65).

Das Verhältnis der ungarischen Minderheit zur staatlichen Autorität war in der Mečiar-Zeit auf einem Tiefpunkt angelangt; die Menschen sahen sich durch repressive Maßnahmen des Gesetzgebers als ethnische Ungarn benachteiligt.

Die Regierung Dzurinda verstand es von Anbeginn als ihre Pflicht, mit Blick auf ihren ungarischen Partner in der Koalition sowie die aufmerksamen Beobachter im Westen und insbesondere in der Europäischen Union, die Minderheitenrechte rasch auf ein allgemein anerkanntes Niveau zu bringen. Im Juli 1999 hat das Parlament ein neues Sprachengesetz verabschiedet, wonach die Sprache einer Minderheit als zweite Amtssprache in allen Gemeinden anerkannt ist, in denen sie mindestens 20% der Bevölkerung stellt. Den tatsächlichen Umständen nach geht es vor allem um Ungarisch, das in rund 500 Gemeinden von einer ausreichenden Minderheit gesprochen wird. Das Gesetz traf auf heftigen Widerstand, gerade auch bei den Ungarn im Lande. Ihre Partei im Parlament, die Ungarische Koalitionspartei (SMK/MKP), hat dagegen votiert, obwohl sie an der Regierungskoalition beteiligt ist. Man hatte ein Quorum von 10% und die generelle Anerkennung des Ungarischen als gleichberechtigte Zweitsprache in den betreffenden Kommunen gefordert. Auf der anderen Seite hat die parlamentarische Opposition, vor allem ihr nationalistischer Flügel, die Neuregelung ganz grundsätzlich bekämpft und damit in Teilen der slowakischen Bevölkerung Zustimmung gefunden, in der es Furcht vor „großungarischen Visionen" gibt.

Das Gefühl der gesellschaftlichen Benachteiligung ist unter den slowakischen Ungarn trotz der politischen Wende noch immer sehr verbreitet, während die Slowaken in ihrer großen Mehrheit ein ganz anderes Bild von den Entwicklungsmöglichkeiten der ungarischen Minderheit haben (vgl. Bútorová/Gyárfášová/Velšic 2001: 217).

Ein anderes, schwer wiegendes Problem für die slowakische Politik stellt die Lage der Roma dar, die von der Europäischen Kommission aufmerksam beobachtet wird. Die Regierung hat besondere Programme zur Verbesserung ihrer sozialen Situation aufgelegt, dennoch bleibt sie für die Volksgruppe extrem schwierig (vgl. Europäische Kommission 2001a: 26). Ihre heutige Lebenslage entspricht der von Roma in anderen mittelosteuropäischen Ländern. Die Arbeitslosigkeit unter ihnen ist hoch; sie reicht in einigen ihrer Siedlungsgebiete in der Slowakei an 100% heran. Schul- und Berufsausbildung liegen signifikant unter dem allgemeinen Niveau. Die

Wohnverhältnisse sind sehr schlecht. Die genannten Umstände fördern Bettelei und Kriminalität.

Die Situation ist teils Resultat gesellschaftlicher Diskriminierung, auch durch Behördenvertreter, der die Roma im täglichen Leben ausgesetzt sind. Sie werden schließlich Opfer tätlicher Angriffe von Rechtsextremisten (vgl. Vašečka 2001: 180ff.). Die verbreiteten subjektiven Vorbehalte gegen die Volksgruppe, die durch die Ergebnisse repräsentativer Befragungen dokumentiert werden, stellen jeden politischen Lösungsansatz in Frage.

*Tabelle 18:* Falls es von Ihnen abhinge, würden Sie den Roma erlauben,... (Befragung vom März 2000, Antworten in %)

|  | „Ja" und „eher ja" | „Nein" und „eher nein" | „weiß nicht" |
|---|---|---|---|
| ... in der Slowakei zu leben? | 50 | 42 | 8 |
| ... in Ihrem Dorf oder Stadtbezirk zu leben? | 32 | 63 | 5 |
| ... in Ihrer Nachbarschaft zu leben? | 16 | 78 | 6 |

*Quelle:* Bútorová, Zora/Gyárfášová, Ol'ga/Velšic, Marián: Public Opinion, in: Mesežnikov, Grigorij/Kollár, Miroslav/Nicholson, Tom (Hrsg.), Slovakia 2000. A Global Report on the State of Society, Bratislava 2001, S. 220.

Seit geraumer Zeit versuchen Roma aus der Slowakei und anderen Ländern der Region, in Westeuropa wegen „Diskriminierung und rassistischer Verfolgung" politisches Asyl zu erhalten – einige von ihnen mit Erfolg (vgl. Europäische Kommission 1998a: 13). Für die Regierung in Bratislava bedeuten diese Vorgänge, soweit das eigene Land involviert ist, angesichts ihrer Bemühungen um Aufnahme in die westlichen Strukturen eine Belastung ihrer Position.

## 3.10 Außenpolitik

Nach Erlangung der Unabhängigkeit bestanden zunächst nur vage Vorstellungen über mögliche außenpolitische Orientierungen. Innerhalb der schon damals größten politischen Partei des Landes, der HZDS, herrschten zwei Grundrichtungen vor. Die Idee einer Brückenfunktion der Slowakei zwischen Ost und West auf der einen und die einer prinzipiellen Westorientierung auf der anderen Seite. Allerdings haben die von ihr getragenen Regierungen in ihren programmatischen Erklärungen stets das Interesse des Landes an einer Mitgliedschaft in der Europäischen Union und in der NATO zum Ausdruck gebracht.

Im Vergleich zu den postkommunistischen Nachbarn ist die Slowakei mit ihren Integrationsbemühungen weniger erfolgreich gewesen. Das Assoziierungsabkommen zwischen der Slowakischen Republik und der EU ist seit Februar 1995 in Kraft. Das Land hat ein Jahr zuvor das Rahmendokument zur „Partnerschaft für den Frieden" unterzeichnet und wenige Monate später der NATO das entsprechende Einführungsdokument vorgelegt. Die Slowakei gehörte bekanntlich nicht zu den Staaten der ersten Runde der NATO-Osterweiterung und war auch nicht unter den ersten Kandidaten, mit denen die EU im Rahmen ihrer avisierten Osterweiterung Verhandlungen aufgenommen hat. Die nachrangige Behandlung der Slowakei durch den Westen in den Anfangsjahren ihrer Selbständigkeit hatte allein politische Gründe, die aus der langen Regierungszeit Mečiars erwachsen waren. Dessen Politik war zunehmend auf Kritik in den westlichen Hauptstädten gestoßen. Ungewöhnlich deutlich hatte sich die Europäische Kommission in der „Agenda 2000" geäußert, wo es heißt: „Auch wenn in mehreren beitrittswilligen Ländern noch Fortschritte bei der effektiven Ausübung der Demokratie und dem Schutz der Minderheiten gemacht werden müssen, erfüllt nur ein einziger Staat, der den Beitritt beantragt hat – die Slowakei –, die vom Europäischen Rat in Kopenhagen festgesetzten politischen Voraussetzungen nicht" (Europäische Kommission 1997a: 46). Von der Kritik ließen sich Mečiar und sein politisches Lager nicht beeindrucken. Er war der Überzeugung, dass sich die Slowakei geopolitisch in einer hervorragenden Lage befinde und der Westen daher an ihrer Integration interessiert sein müsse. Überdies waren in seiner Partei, der HZDS, und bei seinen Koalitionspartnern von Befürwortern einer slowakischen Brückenfunktion wiederholt und öffentlich Vorbehalte gegen eine Mitgliedschaft in der EU und vor allem in der NATO (und damit gegen das Regierungsprogramm) laut geworden.

Die Regierung Dzurinda hat gleich nach ihrem Amtsantritt im Herbst 1998 deutlich gemacht, dass die Westintegration des Landes höchste außenpolitische Priorität genießt, und – mit Unterstützung des Staatspräsidenten – alle Anstrengungen unternommen, um auf der Basis eines guten Vertrauensverhältnisses zu den westlichen Gesprächspartnern diesem Prozess zu einem schnellen Erfolg zu verhelfen. Die anderen Visegrád-Länder (Tschechien, Ungarn und Polen) waren zu diesem Zeitpunkt schon deutlich weiter voran gekommen. Im Februar 2000 begannen die offiziellen Beitrittsverhandlungen zwischen der EU und der Slowakischen Republik. Der Bericht der Europäischen Kommission von 2001 über die Fortschritte der Slowakei auf dem Weg zum Beitritt verweist darauf, dass die vom EU-Gipfel in Kopenhagen 1993 aufgestellten politischen Kriterien für die Aufnahme in die Union nach dem Amtsantritt der neuen Regierung erfüllt worden seien. Seither habe das Land beträchtliche Fortschritte bei der Festigung von Demokratie und Rechtsstaatlichkeit gemacht. Insgesamt gesehen seien bei der Angleichung ihrer Rechtsnormen an den Besitzstand der EU gute Erfolge zu verzeichnen (vgl. Europäische Kommission 2001a: 106f.). Die Voraussetzungen scheinen nun günstig, dass die Regierung ihr ehrgeiziges Ziel, gleichzeitig mit den Visegrád-Nachbarn beizutreten, noch erreichen kann und der Union ebenfalls etwa im Jahre 2004 angehören wird.

Auch die Chancen für den Weg in die Nordatlantische Allianz scheinen inzwischen erheblich verbessert; dabei war die Slowakei auf dem Madrider NATO-Gipfel von 1997 noch nicht einmal unter den potentiellen Kandidaten für die zweite Ost-Erweiterungsrunde des Bündnisses genannt worden. Die gegenwärtige Regierung ist dazu über gegangen, ihre Sicherheits- und Militärpolitik ganz den Erfordernissen der NATO anzupassen. Mit den Worten von Ministerpräsident Dzurinda gesprochen will sich die Slowakei so verhalten, als sei sie bereits Mitglied des Bündnisses (vgl. Bilčík u.a. 2001: 250). Zu dieser Politik gehörte die Gewährung von Überflugrechten und die Bereitstellung der slowakischen Verkehrsinfrastruktur für die NATO während des Jugoslawien-Konflikts. Ausdruck fand sie auch in der Kündigung eines Rüstungsvertrages mit Russland Anfang des Jahres 1999, der die Lieferung eines modernen Raketensystems zur Flugabwehr an die Slowakei vorsah. Voraussichtlich wird die Slowakische Republik, sofern sie die NATO-freundliche Politik auch über die nächsten Parlamentswahlen im Herbst 2002 hinaus fortsetzt, mit der nächsten Erweiterungsrunde Aufnahme in das Bündnis finden. Präsident Schuster geht von der Erwartung aus, dass sie von Brüssel noch im Jahre 2002 offiziell zur NATO-Mitgliedschaft eingeladen werde.

Die Bevölkerung bewertet die Bemühungen ihrer Regierung, das Land in die Europäische Union zu führen, ganz überwiegend positiv. Die Zustimmung dazu hat sich in den letzten Jahren auf hohem Niveau bewegt und ist noch stetig gestiegen. Die Ergebnisse repräsentativer Befragungen weisen aus, dass 64% im Januar 1999 und eine stattliche Mehrheit von 72% im August 2000 ihre Unterstützung für den Regierungskurs bekundet haben. Dem gegenüber finden die politischen Anstrengungen für den Beitritt der Slowakei zur NATO deutlich weniger Zuspruch. Hatten sich im Januar 1999 immerhin 42% der Befragten dafür ausgesprochen, so sank die Zahl der Befürworter im Zuge des Jugoslawien-Krieges im Frühjahr desselben Jahres auf 35%; danach stieg die Zustimmung kontinuierlich an und lag im August 2000 bei 50% (vgl. Bútorová/Gyárfášová/Velšic 2001: 225).

Die Beziehungen zu den unmittelbaren Nachbarländern haben sich in den letzten Jahren insgesamt positiv entwickeln können. Unter diesen Staaten genießen Tschechien und Ungarn aus unterschiedlichen Gründen das besondere Augenmerk der slowakischen Außenpolitik.

Mit der Tschechischen Republik bestehen besondere Beziehungen. Beide Länder bilden eine Zollunion. Aus der Zeit des gemeinsamen tschecho-slowakischen Staates sind nachhaltige wirtschaftliche und kulturelle Kontakte sowie viele persönliche Bindungen geblieben. Der politische Dialog auf staatlicher Ebene war in den ersten Jahren der Selbständigkeit schwierig. Er hat nicht zuletzt unter den lange ungelösten Fragen gelitten, die sich aus der Teilung der Tschechoslowakei ergeben haben. Erst im

November 1999 unterzeichneten beide Seiten eine Vereinbarung, wonach die nunmehr vollzogene Aufteilung des früheren föderalen Eigentums abschließend sei und daraus keine gegenseitigen Ansprüche mehr bestünden. Der Regierungswechsel im Jahre 1998 hat das politische Verhältnis zum tschechischen Nachbarn allgemein verbessert und mehr Raum für kooperative Beziehungen geschaffen. Ausdruck einer engeren Zusammenarbeit beider Staaten auf internationaler Ebene war eine gemeinsame Visite beider Regierungschefs in Washington Ende des Jahres 1999 (vgl. Bilčík u.a. 2001: 267). Heute lässt sich sagen, dass die Teilung der Tschechoslowakei zu keiner feindlichen Nachbarschaft der beiden Folgestaaten und zu keiner Zone politischer Instabilität geführt hat.

Das bilaterale Verhältnis zu Ungarn wird man als vergleichsweise schwierig einstufen müssen, auch wenn sich die Beziehungen nach dem Amtsantritt der Regierung Dzurinda, die sich auf eine Koalition unter Einschluss der Partei der ungarischen Minderheit stützt, deutlich verbessert haben. Ein Grundvertrag über gute Nachbarschaft und freundschaftliche Zusammenarbeit zwischen beiden Staaten, der seit März 1996 in Kraft ist und zunächst eine formale Geste blieb, hat inzwischen zur Einrichtung zahlreicher zweiseitiger Fachkommissionen geführt. Aus naheliegenden geostrategischen Gründen profiliert sich Ungarn als entschiedener Fürsprecher einer NATO-Mitgliedschaft der Slowakei. Der entscheidende Maßstab für die Qualität der wechselseitigen Beziehungen wird die slowakische Politik gegenüber der ungarischen Minderheit im Lande bleiben. Insoweit scheinen die Perspektiven unsicher. Zwar gehören die bilateralen Spannungen der neunziger Jahre wegen der Minoritätenrechte weitgehend der Vergangenheit an, die Konfliktlinien dürften aber – gehärtet durch die historischen Belastungen zwischen beiden Völkern – nicht grundsätzlich überwunden sein.

Ebenso wie Tschechien arbeitet die Slowakische Republik in mehreren internationalen Organisationen der Region mit. Dazu gehört auch die schon genannte Visegrád-Gruppe, ein Zusammenschluss der beiden mit Polen und Ungarn zur Förderung ihrer politischen Kooperation, die Ende des Jahres 1998 neu belebt wurde. Nach dem Regierungswechsel in Bratislava hatten die drei Partnerländer dazu förmlich aufgefordert, um im

Interesse der Region der Slowakischen Republik aus der außenpolitischen Isolierung der vergangenen Jahre heraus zu helfen und vor allem den Wunsch des Landes nach Mitgliedschaft in der NATO zu unterstützen. Die Zusammenarbeit im Visegrád-Verbund, die punktuell auf mehreren Politikfeldern statt findet, hat relativ geringe Bedeutung. Allgemein wird man feststellen müssen, dass die politische Westorientierung der mittelosteuropäischen Staaten nach dem Zusammenbruch des Kommunismus von vornherein der nachbarlichen Kooperation in dieser Region nur begrenzte Entwicklungschancen gegeben hat.

Zu den Schlüsselländern für die slowakische Außenpolitik in Europa gehört Deutschland. Das wirtschaftlich stärkste Mitglied der Europäischen Union mit entsprechendem politischen Einfluss in Brüssel hat für die Slowaken angesichts ihrer Integrationsbetrebungen zweifellos großes Gewicht. Die Bedeutung der Beziehungen wird noch dadurch unterstrichen, dass die Bundesrepublik wichtigster Handelspartner und größter ausländischer Investor im Lande ist. Vor diesem Hintergrund erklärt sich die sensible Wahrnehmung der deutschen Haltung zur EU-Osterweiterung: Die Politik der derzeitigen Bundesregierung hat zu Irritationen geführt. Sie erscheint der slowakischen Seite schwer verständlich und zurückhaltender gegenüber den Anliegen der Beitrittskandidaten als die der Kohl-Regierung (vgl. Bilčík 2001: 281).

Die Beziehungen zur Russischen Föderation hatten während der Mečiar-Ära noch einen besonderen Stellenwert. Das hat sich nach deren Ende grundlegend gewandelt. Das Verhältnis zur östlichen Großmacht ist nun eindeutig und konsequent dem Ziel der Integration in die westlichen Strukturen nach geordnet. Wichtig auch aus der Perspektive der Außenpolitik bleibt Russland wegen der Abhängigkeit der Slowakei von russischen Rohstofflieferungen.

## 3.11 Eckdaten zur wirtschaftlichen Entwicklung

Erst nach dem Zweiten Weltkrieg wurde ein sich zunehmend verbreiternder Industriesektor in der Slowakei aufgebaut. Es wird Braunkohle gefördert; die Erdöl- und Erdgaslager fallen nicht ins Gewicht. Außerdem werden Eisenerz und andere Erze in geringem Umfang abgebaut. Dementsprechend ist das Land abhängig von Rohstofflieferungen aus dem Ausland. Insbesondere bei der Energieversorgung fällt die Abhängigkeit von Lieferungen aus der Russischen Föderation ins Gewicht. Es wurden bisher keine konkreten Bemühungen zur Diversifizierung der Energieeinfuhr unternommen. Der Bau von zwei Kernkraftwerken, in Bohunice und Mochovce, hat jedoch den Importbedarf reduzieren können. Insgesamt gesehen dokumentiert sich im slowakischen Außenhandel die vollzogene Umorientierung des Landes auf westliche Partner.

Internationale Fachleute hatten angesichts der Gründung einer selbständigen Slowakei ungünstige Prognosen über ihre wirtschaftliche Entwicklung aufgestellt. Die Zukunftsaussichten wurden weitaus skeptischer beurteilt als diejenigen der Tschechischen Republik (vgl. Macharzina/Wolf 1994: 162). Im ersten Jahr nach der Teilung der Tschechoslowakei mussten die Slowaken denn auch empfindliche Einbußen auf wirtschaftlichem Gebiet hinnehmen. Ein beträchtlicher Rückgang des Handels mit den Tschechen und allgemeine Abwertungserwartungen sowie schließlich die Kosten für die Schaffung resp. den Ausbau der institutionellen Infrastruktur des selbständig gewordenen Staates waren dafür mit ursächlich. Es darf zudem nicht unberücksichtigt bleiben, dass die früher aus dem tschechoslowakischen Staatshaushalt geleisteten Transferzahlungen für die Slowakei nun ausfielen.

Die ökonomischen Probleme konnten jedoch überraschend schnell überwunden werden. Bereits 1994 setzte ein Aufschwung ein, der eine mehrjährige Wachstumsphase einleitete. Das Bruttoinlandsprodukt stieg über 4%, zeitweise sogar deutlich über 6% gegenüber dem jeweiligen Vorjahr. Die Entwicklung fand 1999 ein Ende, der Zuwachs betrug – in unmittelbarer Folge staatlicher Sparprogramme – nur noch knapp 2%. Seither erholt sich die slowakische Wirtschaft in vergleichsweise moderaten Schritten von diesem Wachstumseinbruch. Die Exportwirtschaft ist die Trägerin der jetzigen Entwicklung, die im Jahre 2001 auch durch eine gewachsene Binnennachfrage gestützt wurde.

Die Inflationsrate lag mehrere Jahre lang um 6%, bevor sie 1999 auf 10,6% hoch schnellte und im Folgejahr noch weiter zunahm. Hauptsächliche Ursachen für diesen Anstieg waren die Anhebung regulierter Preise und der Mehrwertsteuer, schließlich eine Abwertung der Slowakischen Krone. Für 2001 wird wieder von einer einstelligen Preissteigerungsrate ausgegangen. Ihre weitere Entwicklung wird nicht zuletzt davon abhängen, ob die Konsolidierung der öffentlichen Haushalte gelingt. Ein gravierendes Dauerproblem stellt die hohe Arbeitslosigkeit dar. Die Rate hat sich in der selbständigen Republik stets im zweistelligen Bereich bewegt. Sie erreichte im Jahre 1999 über 19%; ihr leichter Rückgang im folgenden Jahr war hauptsächlich der Implementierung eines Arbeitsbeschaffungsprogramms zu verdanken. Nach Auslaufen dieser Maßnahme stieg die Arbeitslosigkeit Anfang 2001 sofort wieder an und dürfte zum Ende des Jahres bei 19% und mehr liegen (zum ganzen vgl. Bundesstelle für Außenhandelsinformation 2001: 18ff.).

*Tabelle 19:* Wirtschaftswachstum

| Bruttoinlandsprodukt (BIP) (Zuwachs gegenüber Vorjahr in %) | | | | |
|---|---|---|---|---|
| 1997 | 1998 | 1999 | 2000 | 2001* |
| 6,2 | 4,1 | 1,9 | 2,2 | 2,9 |

*Tabelle 20:* Inflation

| Inflationsrate (Zunahme der Konsumgüterpreise gegenüber Vorjahr in %) | | | | |
|---|---|---|---|---|
| 1997 | 1998 | 1999 | 2000 | 2001* |
| 6,1 | 6,7 | 10,6 | 12,2 | 7,5 |

*Tabelle 21:* Arbeitslosigkeit

| Arbeitslosenquote (in % der Beschäftigten, zum Jahresende) | | | | |
|---|---|---|---|---|
| 1997 | 1998 | 1999 | 2000 | 2001* |
| 12,5 | 15,6 | 19,2 | 17,9 | 19,0 |

* Prognose bzw. Schätzung
*Quelle:* Bundesstelle für Außenhandelsinformation (Hrsg.): Ostmittel- und Osteuropa im Aufholprozess, Berlin 2001, S. vii, 24.

Schon im Jahre 1991 war eine erste Welle der Privatisierung wirtschaftlicher Unternehmen begonnen worden. Später hat die Slowakei eine zweite Welle eingeleitet, die dann aber gestoppt und Mitte 1995 durch Direktverkäufe ersetzt wurde. In den ersten Jahren ist es zu einer Reihe von Unregelmäßigkeiten gekommen. Klientelistische Strukturen wurden offenkundig; in Verfahren ohne Transparenz sind Parteigänger der Regierungskoalition von Ministerpräsident Mečiar bevorzugt worden. Die Regierung Dzurinda hat nach ihrem Amtsantritt – einem Wahlversprechen folgend – verschiedene Privatisierungsmaßnahmen der Vergangenheit einer Überprüfung unterzogen. Spektakulär war die darauf folgende Rückgabe von Anteilen an einem Energieunternehmen, die erheblich unter dem tatsächlichen Wert erworben worden waren. Die neue Regierung hat den Privatisierungsprozess fortgesetzt, dabei allerdings zunächst eine Anzahl von Unternehmen aus Bereichen wie Telekommunikation, Rüstung und Landwirtschaft als strategisch definiert, die nicht privatisiert werden sollten. Der Einschränkung dieser Liste folgte schließlich ihre völlige Aufhebung im Jahre 1999. Der Anteil des Privatsektors am Bruttosozialprodukt ist – im Vergleich zu anderen postkommunistischen Ländern – mit über 80% im Jahre 2000 hoch.

*Tabelle 22:* Entwicklung des Privatsektors

| Anteil des Privatsektors (in %) | | | |
|---|---|---|---|
| am Bruttoinlandsprodukt | | an der Beschäftigung | |
| 1991 | 2000 | 1991 | 2000 |
| 25,0 | 83,5 | 25,8 | 68,6 |

*Quelle:* Bundesstelle für Außenhandelsinformation (Hrsg.): Ostmittel- und Osteuropa im Aufholprozess, Berlin 2001, S. ix.

Die Europäische Kommission kommt in ihrem Bericht von 2001 über die Fortschritte der Slowakei auf dem Weg zum EU-Beitritt zu der Einschätzung, dass die slowakische Marktwirtschaft funktioniere und das Land wahrscheinlich mittelfristig in der Lage sein werde, dem Wettbewerb und den Marktkräften innerhalb der Union unter der Voraussetzung weiterer Anstrengungen bei der mittelfristigen Haushaltskonsolidierung und im Bereich von Strukturreformen Stand zu halten. (vgl. Europäische Kommission 2001a: 40).

# 4 Literaturverzeichnis

Bankgesellschaft Berlin (Hrsg.),[4]1999: Investitionsführer Slowakei, Frankfurt am Main.

Bankgesellschaft Berlin (Hrsg.), [4]2000: Investitionsführer Tschechische Republik, Frankfurt am Main.

Bartuška, Václav, 1990: Polojasno (Halbklar), Praha.

Barnes, Samuel H./Simon, János (Hrsg.), 1998: The Postcommunist Citizen, Budapest.

Beichelt, Timm, 2001: Demokratische Konsolidierung im postsozialistischen Europa. Die Rolle der politischen Insitutionen, Opladen.

Benedik, Marek, u.a., 2001: Rule of Law, Legislation, Constitutionality and the Judiciary, in: Mesežnikov, Grigorij/Kollár, Miroslav/Nicholson, Tom (Hrsg.), Slovakia 2000. A Global Report on the State of Society, Bratslava, S. 85-102.

Beyme, Klaus v., [2]1994: Systemwechsel in Osteuropa, Frankfurt am Main.

Bianchi, Leonard, 1969: Die tschechoslowakische Republik als bürgerlich-demokratischer Staat. Ein Rückblick auf die Jahre 1918-1938, Frankfurt/Main, Berlin.

Bilčík, Vladimír u.a., 2001: Foreign and Defence Policy of the Slovak Republic, in: Mesežnikov, Grigorij/Kollár, Miroslav/Nicholson, Tom (Hrsg.), Slovakia 2000. A Global Report on the State of Society, Bratislava, S. 233-296.

Bricke, Dieter W./Lukas, Zdenek/Szomolányi, Soňa, 1995: Slowakische Republik, in: Weidenfeld, Werner (Hrsg.), Mittel- und Osteuropa auf dem Weg in die Europäische Union, Gütersloh, S. 167-192.

Brokl, Lubomír/Mansfeldová, Zdenka, 1995: Zerfall der Tschechoslowakei – strukturelle Ursachen und Parteihandeln, in:Segert, Dieter/Machos, Csilla (Hrsg.), Parteien in Osteuropa, Opladen, S. 133-147.

Brokl, Lubomír und Kollektiv, 1997: Reprezentace zájmů v politickém systému České republiky, (Repräsentation von Interessen im politischen System der Tschechischen Republik) Praha.

Brokl, Lubomír/Mansfeldová, Zdenka, 2002: Místo České republiky v demokratické Evropě (Der Platz der Tschechischen Republik im demokratischen Europa), in: Mansfeldová, Zdenka/Tuček, Milan (Hrsg.), Současná česká společnost. Sociologické studie, Praha

Brunner, Georg, 2001: Der Transformationsprozeß in Mittel- und Osteuropa. Wachsende Probleme mit den Ethnien?, in: Internationale Politik 54(9), S. 21-34.

Bundesstelle für Außenhandelsinformationen (Hrsg.), 1998: Slowakische Republik. Wirtschaftsentwicklung 1997, Köln.

Bundesstelle für Außenhandelsinformation (Hrsg.), 2001: Ostmittel- und Osteuropa im Aufholprozess. Transformation und Wirtschaftslage in Ostmitteleuropa und der GUS 2000/2001, Berlin.

Bútora, Martin/Demeš, Pavol, 1998: Nonprofit Organizations and the Non-Governmental Sector, in: Bútora, Martin/Skladony, Thomas W. (Hrsg.), Slovakia 1996 – 1997. A Global Report on the State of Society, Bratislava, S. 189-200.

Bútora, Martin/Hunčík, Péter (Hrsg.), 1997: Global Report on Slovakia. Comprehensive Analyses from 1995 and Trends from 1996, Bratislava.

Bútora, Martin/Ivantyšyn, Michal (Hrsg.), 1998: Slovensko 1997, Bratislava.

Bútora, Martin/Skladony, Thomas W. (Hrsg.), 1998: Slovakia 1996 – 1997. A Global Report on the State of Society, Bratislava

Bútora, Martin/Mesežnikov, Grigorij/Bútorová Zora (Hrsg.), 1999: Kto? Prečo? Ako? Slovenské vol'by '98 (Wer? Warum? Wie? Slowakische Wahlen ,98), Bratislava.

Bútorová, Zora, 1997: Public Opinion, in: Bútora, Martin/Hunčík, Péter (Hrsg.), Global Report on Slovakia, Bratislava, S. 265-285.

Bútorová, Zora (Hrsg.), 1998 a: Democracy and Discontent in Slovakia. A Public Opinion Profile of a Country in Transition, Bratislava.

Bútorová, Zora, 1998b: Public Reactions to Domestic Political Issues, in: Bútorová Zora (Hrsg.), Democracy and Discontent in Slovakia, Bratislava, S. 111-133.

Bútorová, Zora, 1998c: Transformation Challenges in Public Perception, in: Bútorová, Zora (Hrsg.),Democracy and Discontent in Slovakia, Bratislava, S. 21-36.

Bútorová, Zora/Bútora, Martin, 1998: Slovakia and the World, in: Bútorová, Zora (Hrsg.), Democracy and Discontent in Slovakia, Bratislava, S. 175-189.

Bútorová, Zora/Gyárfášová, Ol'ga, 1998: Social Climate Three Years after the 1994 Elections, in: Bútorová, Zora (Hrsg.), Democracy and Discontent in Slovakia, Bratislava, S. 51-67.

Bútorová, Zora/Gyárfášová, Ol'ga/Krivý, Vladimír, 1998: Parties, Institutions, and Politicians, in: Bútoróvá, Zora (Hrsg.), Democracy and Discontent in Slovakia, Bratislava, S. 69-110.

Bútorová, Zora/Gyárfášová, Ol'ga/, Velšic, Marián, 2001: Public Opinion, in: Mesežnikov, Grigorij/Kollár, Miroslav/Nicholson, Tom (Hrsg.), Slovakia 2000. A Global Report on the State of Society, Bratislava, S. 199-232.

Červenka, Jan, 2001: Ombudsman očima veřejnosti. Centrum pro výzkum veřejného mínění Sociologického ústavu AV ČR, 01-01(Der ombudsman in den Augen der Öffentlichkeit), Praha.

Čič, Milan/Fogaš, L'ubomír, 1992: Ústava Slovenskej republiky (Verfassung der Slowakischen Republik), Bratislava.

Čič, Milan und Kollektiv, 1997: Komentár k Ústave Slovenskej republiky (Kommentar zur Verfassung der Slowakischen Republik), Martin.

Čič, Milan/Mazák, Ján/Ogurčák, Štefan, 1993: Konanie pred Ústavným súdom Slovenskej republiky (Verfahren vor dem Verfassungsgericht der Slowakischen Republik), Košice.

Cigánek, František, 1992: Kronika demokratického parlamentarismu 1989-1992 (Chronik des demokratischen Parlamentarismus 1989-1992), Praha.

Cramer-Langer, Katrin, 1998: Demokratisierung in der Slowakischen Republik. Entstehung und Entwicklung des Parteiensystems seit 1989. Bundesinstitut für ostwissenschaftliche und internationale Studien, Sonderveröffentlichung (Juni), Köln.

Dau, Rudolf/Svatosch, Franz, 1985: Neueste Geschichte der Tschechoslowakei, Berlin (Ost).

Döring, Herbert, 1990: Aspekte des Vertrauens in Institutionen, in: Zeitschrift für Soziologie 19, S. 73-89.

Dostál, Ondrej, 1997: Minorities, in: Bútora, Martin/Hunčík, Péter (Hrsg.), Global Report on Slovakia, Bratislava, S. 63-74.

Dostál, Ondrej, 1998: Minorities, in: Bútora, Martin/Skladony, Thomas W. (Hrsg.) Slovakia 1996 – 1997. A Global Report on the State of Society, Bratislava, S. 39-45.

Duleba, Alexander, 1996: The Blind Pragmatism of Slovak Eastern Policy. The Present Agenda of Slovak-Russian Bilateral Relations, Bratislava.

Duleba, Alexander/Lukáč, Pavol/Wlachovský, Miroslav, 1998: Foreign Policy of the Slovak Republic. Starting Points, Present Situation and Prospects, Bratislava.

East, Roger/Pontin, Jolyon, 1997: Revolution and Change in Central and Eastern Europe, London.

Europäische Kommission, 1997a: Agenda 2000 – Eine stärkere und erweiterte Union, Bulletin der Europäischen Union-Beilage 5/97, Brüssel.

Europäische Kommission, 1997b: Stellungnahme der Kommission zum Antrag der Slowakei auf Beitritt zur Europäischen Union, Bulletin der Europäischen Union-Beilage 9/97, Brüssel.

Europäische Kommission, 1997c: Stellungnahme der Kommission zum Antrag der Tschechischen Republik auf Beitritt zur Europäischen Union, Brüssel.

Europäische Kommission, 1998a: Regelmäßiger Bericht der Kommission über die Fortschritte der Slowakei auf dem Weg zum Beitritt, Brüssel.

Europäische Kommission 1998b: Regelmäßiger Bericht der Komission über die Fortschritte der Tschechischen Republik auf dem Weg zum Beitritt, Brüssel.

Europäische Kommission, 1999: Regelmäßiger Bericht 1999 der Kommission über die Fortschritte der Tschechischen Republik auf dem Weg zum Beitritt, Brüssel.

Europäische Kommission, 2000a: Regelmäßiger Bericht 2000 der Kommission über die Fortschritte der Slowakei auf dem Weg zum Beitritt, Brüssel.

Europäische Kommission, 2000b: Regelmäßiger Bericht 2000 der Kommission über die Fortschritte der Tschechischen Republik auf dem Weg zum Beitritt, Brüssel.

Europäische Kommission, 2001a: Regelmäßiger Bericht 2001 über die Fortschritte der Slowakei auf dem Weg zum Beitritt, Brüssel.

Europäische Kommission, 2001b: Regelmäßiger Bericht 2001 über die Fortschritte der Tschechischen Republik auf dem Weg zum Beitritt, Brüssel.

Faltan, Lubomir, 1993: Slovakia. Steps towards EC membership, Bratislava.

Fitzmaurice, John, 1998: Politics and Government in the Visegrad Countries. Poland, Hungary, the Czech Republic and Slovakia, London.

Friedrich, Carl Joachim/Brzezinski, Zbigniew, 1968: Die Stufen der Entwicklung und die Zukunft, in: Seidel, Bruno/Jenkner, Siegfried (Hrsg.), Wege der Totalitarismus-Forschung, Darmstadt, S. 618-634.

Fromme, Martin/Wolf, Stephan, 1995: Slowakei, in: Weidenfeld, Werner (Hrsg.), Demokratie und Marktwirtschaft in Osteuropa, Bonn, S. 157-169.

Füle, Ján, 1998: Media, in: Bútora, Martin/Skladony, Thomas W. (Hrsg.), Slovakia 1996 – 1997. A Global Report on the State of Society, Bratislava, S. 179-187.

Füle, Ján, 1999: Media, in: Mesežnikov, Grigorij/Ivantyšyn, Michal/Nicholson, Tom (Hrsg.), Slovakia 1998-1999. A Global Report on the State of Society, Bratislava, S. 375-394.

Gál, Fedor, 1991: Z prvej ruky (Aus erster Hand), Bratislava.

Galanda, Milan/Földesová, Andrea/Benedik, Marek, 1999: Rule of Law, Legislation and Constitutionality, in: Mesežnikov, Grigorij/Ivantyšyn, Michal/Nicholson, Tom (Hrsg.), Slovakia 1998-1999. A Global Report on the State of Society, Bratislava, S. 83-94.

Galanda, Milan/Valko, Ernest, 1998: The Legislative Process and Constitutional Jurisprudence, in: Bútora, Martin/Skladony, Thomas W. (Hrsg.), Slovakia 1996 – 1997. A Global Report on the State of Society, Bratislava, S. 27-34.

Gerloch, Aleš/Hřebejk, Jiří/Zoubek, Vladimír,[3] 1999: Ústavní systém České republiky (Verfassungssystem der Tschechischen Republik), Praha.

Gindl, Eugen, 1997: Mass Media, in: Bútora, Martin/Hunčík, Péter (Hrsg.), Global Report on Slovakia, Bratislava, S. 245-264.

Glaser, Kurt, 1964: Die Tschecho-Slowakei. Politische Geschichte eines neuzeitlichen Nationalitätenstaates, Frankfurt am Main, Bonn.

Goldman, Minton F., 1997: Revolution and Change in Central and Eastern Europe: Political, Economic, and Social Challenges, New York.

Grotz, Florian, 2000: Politische Institutionen und post-sozialistische Parteiensysteme in Osteuropa. Polen, Ungarn, Tschechien und die Slowakei im Vergleich, Opladen.

Grulich, Rudolf, 1996: Die Rechte der Volksgruppen in der Tschechischen und in der Slowakischen Republik, in: Blumenwitz, Dieter/Gornig, Gilbert (Hrsg.), Der Schutz von Minderheiten- und Volksgruppenrechten durch die Europäische Union, Köln, S. 155-160.

Haarland, Hans Peter/Niessen, Hans-Joachim, 1995: Der Transformationsprozeß in der Tschechischen und Slowakischen Republik, Bonn.

Haefs, Hanswilhelm, 1969: Die Ereignisse in der Tschechoslowakei vom 27.6.1967 bis 18.10.1968. Ein dokumentarischer Bericht, Bonn, Wien, Zürich.

Hanzel, Vladimír, 1991: Zrychlený tep dějin (Beschleunigter Puls der Geschichte), Praha.

Hoensch, Jörg, K., [3] 1992: Geschichte der Tschechoslowakei, Stuttgart.

Hoppe, Hans-Joachim, 2000: NATO-Kandidat Slowakei: Politik und Sicherheitsstrukturen, in: Osteuropa 50, S. 916-925.

Horský, Vladimír, 1990: Die sanfte Revolution in der Tschechoslowakei 1989. Zur Frage der systemimmanenten Instabilität kommunistischer Herrschaft. Berichte des Bundesinstituts für ostwissenschaftliche und internationale Studien, 14-1990, Köln.

Hudalla, Anneke, 1996: Der Beitritt der Tschechischen Republik zur Europäischen Union, Münster.

Institute of International Relations, o.J.: The Conceptual Basis of the Foreign Policy of the Czech Republic, Prague.

Jacobs, Jörg, 2001: Alltag oder Vergangenheit? Einstellungen zur herrschenden politischen Ordnung in den Neuen Bundesländern, Polen, Tschechien und Ungarn, in: Politische Vierteljahresschrift 42, S. 223-246

Jacobs, Jörg/Müller, Olaf/Pickel, Gert, 2000: Demokratie auf dem Prüfstand – Konsolidierung und Widerstandspotential der Bevölkerung in Osteuropa im Vergleich, in: Berliner Debatte INITIAL 11 (5/6), S. 17-32

Jelínek, Vladimír, 2001: Důvěra ústavním institucím. Centrum pro výzkum veřejného mínění Sociologického ústavu AV ČR, 01-04 (Vertrauen in die Verfassungsinstitutionen), Praha.

Jičínský, Zdeněk/Mikule, Vladimír, 1995: Zur verfassungsrechtlichen Entwicklung der Tschechoslowakei, in: Schmid, Karin/Horský, Vladimír (Hrsg.), Das Ende der Tschechoslowakei 1992 in verfassungsrechtlicher Sicht, Berlin, S. 10-24.

Juchler, Jakob, 1994: Osteuropa im Umbruch, Zürich.

Juchler, Jakob, 1996: Ungleiche Brüder? Die Reformwege Tschechiens und der Slowakei, in: Wirtschaft und Gesellschaft 22, S. 231-261.

Juchler, Jakob, 2001: Zur Osterweiterung der EU – Gesellschaftliche Asymmetrien und ihre Risiken, in: Europäische Rundschau 29 (1), S. 121-133.

Kipke, Rüdiger,1976: Die Grundlagen des Föderalismus in der Tschechoslowakischen Sozialistischen Republik, in: Jahrbuch des öffentlichen Rechts der Gegenwart 25 (Neue Folge), S. 193-210.

Kipke, Rüdiger, 1993: Die jüngste politische Entwicklung der Tschechoslowakei im Meinungsspiegel ihrer Bürger, in: Kipke, Rüdiger/Vodička, Karel (Hrsg.), Abschied von der Tschechoslowakei, Köln, S. 39-53.

Kipke, Rüdiger, 1997: Zum Verlauf der 'Samtenen Revolution' in der Tschechoslowakei, in: Bohemia 38, S. 141-152.

Kipke, Rüdiger, 1999a: Die Slowakische Republik: Zur politischen Entwicklung seit der Selbständigkeit, in: Südosteuropa Mitteilungen 39, S. 109-122.

Kipke, Rüdiger, 1999b: (Re-)Konstruktion eines demokratischen Verfassungsstaats: Die Tschechische Republik, in: Stolorz, Christian u.a. (Hrsg.), Jahrbuch zur Außenwirtschaftspolitik 1997/98, Münster, S. 165-178.

Kipke, Rüdiger/Vodička, Karel, 2000: Slowakische Republik. Studien zur politischen Entwicklung, Münster.

Kitschelt, Herbert/Mansfeldova, Zdenka/Markowski, Radoslaw/Tóka, Gábor, 1999: Post-Communist Party Systems. Competition, Representation, and Inter-Party Cooperation, Cambridge.

Kollár, Miroslav/Mesežnikov, Grigorij (Hrsg.), 2000: Slovensko 2000. Súhrnná správa o stave spoločnosti (Gesamtbericht über den Stand der Gesellschaft), Bratislava.

Kopecký, Petr, 2001: Parliaments in the Czech and Slovak Republics. Party Competition and Parliamentary Institutionalization, Ashgate.

Kovač, Dušan, 1998: Historische Wurzeln der Probleme der Slowakei, in: Europäische Rundschau 26(4), S. 49-60.

Krejčí, Oskar, 1991: Proč to prasklo. Hovory o demokracii a „sametové revoluci" (Warum es zum Bruch kam. Gespräche über Demokratie und die „Samtene Revolution") , Praha.

Krivý, Vladimír, 1997: Slovakia's Regions, in: Bútora, Martin/Hunčík, Péter (Hrsg.), Global Report on Slovakia, Bratislava, S. 287-308.

Krivý, Vladimír, 1998: Citizens' Value Orientations, in: Bútorová, Zora (Hrsg.), Democracy and Discontent in Slovakia: A Public Opinion Profile of a Country in Transition, Bratislava, S. 37-49.

Kunc, Jiří, 2000: Stranické systémy v re/konstrukci (Parteiensysteme in der Re/Konstruktion), Praha.

Lang, Kai-Olaf, 1999: Die tschechischen Kommunisten in der Offensive. Bundesinstitut für ostwissenschaftliche und internationale Studien, Aktuelle Analysen, Nr. 55, Köln.

Lang, Kai-Olaf, 2000: Slowakei: Rissiges Fundament der Orientierung auf NATO und EU. Bundesinstitut für ostwissenschaftliche und internationale Studien, Aktuelle Analysen, Nr. 23, Köln.

Lawson, Kay/Römmele, Andrea/Karasimeonov, Georgi (Hrsg.), 1999: Cleavages, Parties and Voters. Studies from Bulgaria, the Czech Republic, Hungary, Poland, and Romania, London.

Leff, Carol Skalnik, 1998: The Czech and Slovak republics: nations versus state. Oxford.

Linek, Lukáš/Šalamounová, Petra (Hrsg.), 2001: The Parliament of the Czech Republic, 1993-1998: Factbook, Prague.

Loringhoven, Arndt Freiherr von, 1998: Regionale Zusammenarbeit. Brücken im zusammenwachsenden Europa. Bundesinstitut für ostwissenschaftliche und internationale Studien, Aktuelle Analysen, Nr. 12, Köln.

Lukas, Zdenek/Szomolányi, Soňa, 1996: Slowakische Republik, in: Weidenfeld, Werner (Hrsg.), Mittel- und Osteuropa auf dem Weg in die Europäische Union, Gütersloh, S. 167-193.

Macharzina, Klaus/Wolf, Joachim, 1994: Die Slowakei im gesellschaftlichen und wirtschaftlichen Umbruch, in: Südost-Europa 43, S. 151-179.

Machonin, Pavel, 1997: Social Transformation and Modernization. On Building Theory of Societal Changes in the Post-Communist European Countries, Praha.

Malová, Darina, 1999: Organized Interests, in: Mesežnikov, Grigorij/Ivantyšyn, Michal/Nicholson, Tom (Hrsg.), Slovakia 1998-1999. A Global Report on the State of Society, Bratislava, S. 121-135.

Mansfeldová, Zdenka, 1994: Entwicklung der Parteilandschaft in der Tschechischen Republik – Möglichkeiten der Konfliktregulierung, in: Segert, Dieter (Hrsg.), Konfliktregulierung durch Parteien und politische Stabilität in Ostmitteleuropa, Frankfurt/Main u.a., S. 95-113.

Mansfeldová, Zdenka, 1997: Sociální partnerství v České republice (Sozialpartnerschaft in der Tschechischen Republik), in: Brokl, Lubomír und Kollektiv (Hrsg.), Reprezentace zájmů v politickém systému České republiky, Praha, S. 99-150.

Mansfeldová, Zdenka, 1998: Zivilgesellschaft in der Tschechischen und Slowakischen Republik, in: Aus Politik und Zeitgeschichte, B 6/7, S. 13-19.

Markus, György G., 1999: Making and Taming Capitalism. Cleavage Structure and Identity Dilemmas of Social Democratic Parties in Eastern and Central Europe, in: Transitions (Bruxelles) 40, S. 27-54.

Martinsen, Kåre Dahl, 1998: Niedergang der slowakischen Demokratie?, in: Osteuropa 48, S. 791-809.

Meier, Christian, 2000: Regionale Kooperation in Mittel- und Osteuropa. Bestimmungsfaktoren, Modelle, Perspektiven. Berichte des Bundesinstituts für ostwissenschaftliche und internationale Studien, 7-2000, Köln.

Merkel, Wolfgang (Hrsg.), 1994: Systemwechsel 1. Theorien, Ansätze und Konzeptionen, Opladen.

Merkel, Wolfgang, 1999: Systemtransformation. Eine Einführung in die Theorie und Empirie der Transformationsforschung, Opladen.

Merkel, Wolfgang/Puhle, Hans-Jürgen, 1999: Von der Diktatur zur Demokratie. Transormationen, Erfolgsbedingungen, Entwicklungspfade, Opladen, Wiesbaden.

Mesežnikov, Grigorij 1997: Domestic Political Developments and the Political Scene, in: Bútora, Martin/Hunčík, Péter (Hrsg.), Global Report on Slovakia, Bratislava, S. 11-31.

Mesežnikov, Grigorij (Hrsg.), 1998: Vol'by 1998. Analýza volebných programov politických strán a hnutí (Wahlen 1998, Analyse der Wahlprogramme der politischen Parteien und Bewegungen), Bratislava.

Mesežnikov, Grigorij, 2001: Domestic Politics, in: Mesežnikov, Grigorij/Ivantyšyn, Michal/Nicholson, Tom (Hrsg.), Slovakia 1998-1999. A Global Report on the state of Society, Bratislava, S. 13-64.

Mesežnikov, Grigorij, 2001: Domestic Politics, in: Mesežnikov, Grigorij/Kollár, Miroslav/Nicholson, Tom (Hrsg.), Slovakia 2000. A Global Report on the State of Society, Bratislava, S. 17-84.

Mesežnikov, Grigorij/Kollár, Miroslav/Nicholson, Tom (Hrsg.), 2001: Slovakia 2000. A Global Report on the State of Society, Bratislava.

Mildenberger, Markus, 2002: Die Europadebatte in Politik und Öffentlichkeit der ostmitteleuropäischen EU-Kandidatenländer, in: Aus Politik und Zeitgeschichte, B 1/2, S. 3-10.

Müller, Klaus, 2001: „Countries in Transition". Entwicklungspfade der osteuropäischen Transformation, in: Osteuropa 51, S. 1146-1167.

Münch, Ingo v./Hoog, Günter, 1993: Auflösung des tschechoslowakischen Staates aus völkerrechtlicher Sicht, in: Kipke, Rüdiger/Vodička, Karel (Hrsg.), Abschied von der Tschechoslowakei, Köln, S. 163-179.

Newman, Karl. J., 1969: Krisen in der tschechoslowakischen Demokratie, in: Bosl, Karl (Hrsg.), Aktuelle Forschungsprobleme um die Erste Tschechoslowakische Republik, München, Wien, S. 155-168.

Nižňanský, Viktor, 1998: Public Administration, in: Bútora, Martin/Skladony, Thomas W. (Hrsg.), Slovakia 1996-1997. A Global Report on the State of Society, Bratislava, S. 47-53.

OECD Wirtschaftsberichte, 1994: Tschechische Republik und Slowakische Republik 1994, Paris.

Ondrčka, Pavel, [2]1995: Slowakei, in: Bertelsmann Stiftung (Hrsg.), Mittel- und Osteuropa auf dem Weg in die Europäische Union, Gütersloh, S. 99-115.

Oschlies, Wolf, 1997: Slowakei: Konsum geht vor „Europa", in: Bundesinstitut für ostwissenschaftliche und internationale Studien (Hrsg.), Der Osten Europas im Prozeß der Differenzierung, München, S. 154-163.

Oschlies, Wolf, 1998: Neuwahlen in der Tschechischen Republik. Teil I: Vorgeschichte und Parteien. Bundesinstitut für ostwissenschaftliche und internationale Studien, Aktuelle Analysen, Nr. 27, Köln.

Otáhal, Milan, 1992: Der raue Weg zur „samtenen Revolution". Vorgeschichte, Verlauf und Akteure der antitotalitären Wende in der Tschechoslowakei. Berichte des Bundesinstituts für ostwissenschaftliche und internationale Studien, 25-1992, Köln.

Parsons, Talcott, [3]1971: Evolutionäre Universalien der Gesellschaft, in: Zapf, Wolfgang (Hrsg.), Theorien des sozialen Wandels, Köln, Berlin, S. 55-74.

Pauer, Jan, 1995a: Prag 1968. Der Einmarsch des Warschauer Paktes, Bremen.

Pauer, Jan, 1995b: Tschechien, in: Wettig, Gerhard (Hrsg.), Sicherheits- und Bedrohungsvorstellungen in Ostmitteleuropa. Bundesinstitut für ostwissenschaftliche und internationale Studien, Sonderveröffentlichung, Köln, S. 32-38.

Pavlíček, Václav und Kollektiv, 1998: Ústavní právo a státověda, I. díl: Obecná státověda (Verfassungsrecht und Staatswissenschaft, 1. Band: Allgemeine Staatswissenschaft), Praha.

Pavlíček, Václav und Kollektiv, 2001: Ústavní právo a státověda, II. díl: Ústavní právo České republiky. Část 1(Verfassungsrecht und Staatswissenschaft, 2. Band: Verfassungsrecht der Tschechischen Republik. Teil 1), Praha.

Pavlíček, Václav/Hřebejk, Jiří, [2]1998: Ústava a ústavní řád České republiky, I. díl: Ústavní systém (Verfassung und Verfassungsordnung der Tschechischen Republik. 1. Band: Verfassungssystem), Praha.

Pehe, Jiří, 1994: Czech Senate Election Stirs Controversy, in: Radio Free Europe/Radio Liberty Research Report 3(14), S. 7-12

Plasser, Fritz/Ulram, Peter A./Waldrauch, Harald, 1997: Politischer Kulturwandel in Ost-Mitteleuropa. Theorie und Empirie demokratischer Konsolidierung, Opladen.

Podolák, Peter, 1998: Národnostné menšiny v Slovenskej republiky z hl'adiska demografického vývoja (Nationale Minderheiten in der Slowakischen Republik aus der Sicht der im Hinblick auf die demographische Entwicklung), Martin.

Renner, Hans/Samson, Ivo, 1993: Dějiny Československa po roku 1945 (Geschichte der Tschechoslowakei nach dem Jahre 1945), Bratislava.

Riedel, Sabine, 2001: Minderheitenpolitik im Prozeß der EU-Erweiterung. Dynamisierung ethnischer Konflikte durch positive Diskriminierung, in: Osteuropa 51, S. 1262-1285.

Riemer, Andrea K., 1997: Die ungarische Minderheit in der Südslowakei – ein multidimensionales Krisenpotential?, in: Osteuropa 47, S. 254-268.

Robertson-Wensauer, Caroline Y. (Hrsg.), 1999: Slowakei: Gesellschaft im Aufbruch. Nation – Kultur – Wirtschaft. Baden-Baden.

Roggemann, Herwig, 1999: Die Verfassungen Mittel- und Osteuropas. Einführung und Verfassungstexte, Berlin.

Rouček, Libor, 1990: Die Tschechoslowakei und die Bundesrepublik Deutschland 1949-1989, München.

Rüb, Friedbert, W., 2001: Schach dem Parlament! Regierungssysteme und Staatspräsidenten in den Demokratisierungsprozessen Osteuropas, Wiesbaden.

Samson, Ivo, 1997: Die Slowakei zwischen Annäherung an Moskau und Streben nach Westintegration. Berichte des Bundesinstituts für ostwissenschaftliche und internationale Studien, 2-1997, Köln.

Samson, Ivo, 2000: Die Sicherheits- und Außenpolitik der Slowakei in den ersten Jahren der Selbständigkeit, Baden-Baden.

Schmögnerová, Brigita, 1997: Cúvanie napred (Rückschritt nach vorn), Bratislava.

Schneider, Eleonora, 1995: Die Slowakische Republik im Jahre drei, in: Bundes-institut für ostwissenschaftliche und internationale Studien (Hrsg.), Zwischen Krise und Konsolidierung, München, S. 145-155.

Schneider, Eleonora, 1997: Quo vadis, Slowakei? Berichte des Bundesinstituts für ostwissenschaftliche und internationale Studien, 36-1997, Köln.

Schneider, Eleonora, 1998: Tschechien nach dem Sturz von Václav Klaus. Bundesinstitut für ostwissenschaftliche und internationale Studien, Aktuelle Analysen, Nr. 15, Köln.

Schneider, Eleonora, 1999: Machtwechsel in der Slowakei. Ergebnisse der Parlamentswahlen 1998. Bundesinstitut für ostwissenschaftliche und internationale Studien, Aktuelle Analysen, Nr. 10, Köln.

Schönfeld, Roland, 2000: Slowakei – vom Mittelalter bis zur Gegenwart, Regensburg.

Schönfeld, Roland, 2001: Slowakische Identität in der Europäischen Integration, in: Südosteuropa Mitteilungen 41, S. 252-262.

Schwarz, Karl-Peter, 1993: Tschechen und Slowaken. Der lange Weg zur friedlichen Trennung, Wien, Zürich.

Seewann, Gerhard (Hrsg.), 1995: Minderheiten als Konfliktpotential in Ostmitteleuropa, München.

Seibt, Ferdinand, 1993: Deutschland und die Tschechen. Geschichte einer Nachbarschaft in der Mitte Europas, München.

Skak, Mette, 1996: Democratic Consolidation in East Central Europe, Aarhus.

Slapnicka, Helmut, 1969: Recht und Verfassung der Tschechoslowakei 1918-1938, in: Bosl, Karl (Hrsg.), Aktuelle Forschungsprobleme um die Erste Tschechoslowakische Republik, München, Wien, S. 93-111.

Slapnicka, Helmut, 1970: Die Tschechoslowakei 1945-1965, in: Bosl, Karl (Hrsg.), Handbuch der Geschichte der Böhmischen Länder 4, Stuttgart, S. 302-348

Smutný, Pavel, 1992: Die Tschechoslowakei – eine Rückkehr zu sich selbst, in: Aus Politik und Zeitgeschichte, B 6, S. 24-35.

Srubar, Ilja, 1998: Elitenwandel in der Tschechischen Republik, in: Aus Politik und Zeitgeschichte, B 8, S. 21-33.

Svítek, Jiří, 1992: Politické strany a hnutí v Československu (Politische Parteien und Bewegungen in der Tschechoslowakei), Praha.

Szomolányi, Soňa/Meseznikov, Grigorij (Hrsg.), 1994: The Slovak Path of Transition – to Democracy?, Bratislava.

Szomolányi, Soňa/Mesežnikov, Grigorij (Hrsg.), 1995: Slovakia: Parliamentary Elections 1994. Causes-Consequences-Prospects, Bratislava.

Szomolányi, Soňa/Mesežnikov, Grigorij, 1997: Das Parteiensystem der Slowakei, in: Segert, Dieter/Stöss, Richard/Niedermayer, Oskar (Hrsg.), Parteiensysteme in postkommunistischen Gesellschaften Osteuropas, Opladen, S. 135-156.

Vašečka, Michal, 1999: Romanies in Slovakia on the Eve of the Millennium – A Social or an Ethnic Problem?, in: South-East Europe Review 2, S. 47-53.

Vašečka, Michal, 2001: Roma, in: Mesežnikov, Grigorij/Kollár, Miroslav/Nicholson, Tom (Hrsg.), Slovakia 2000. A Global Report on the State of Society, Bratislava, S. 169-198.

Velšic, Marián, 2001: Spoločenská atmosféra (Gesellschaftliche Atmosphäre), in: Gyárfášová, Oľga/Krivý, Vladimír/Velšic, Marián et al., Krajina v pohybe. Správa o politických názoroch a hodnotách ľudí na Slovensku, Bratislava, S. 13-51.

Verfassung der Slowakischen Republik vom 16. September 1992, in: Roggemann, Herwig (Hrsg.), 1999, Die Verfassungen Mittel- und Osteuropas, Berlin, S. 855-898.

Verfassung der Tschechischen Republik vom 16. Dezember 1992, in: Roggemann, Herwig (Hrsag.), 1999, Die Verfassungen Mittel- und Osteuropas, Berlin, S. 938-975.

Vodička, Karel, 1996: Politisches System Tschechiens. Vom kommunistischen Einparteiensystem zum demokratischen Verfassungsstaat, Münster.

Vodička, Karel, 1997a: Das Parteiensystem Tschechiens, in: Segert, Dieter/Stöss, Richard/Niedermayer, Oskar (Hrsg.), Parteiensysteme in postkommunistischen Gesellschaften Osteuropas, Opláden, S. 90-134.

Vodička, Karel, 1997b: Verwaltungsreform und Verwaltungsstrukturen in Tschechien nach 1990, in: Die Verwaltung 30, S. 97-108.

Vodička, Karel, 2000: Ausgang ungewiss: Politische Prozesse und Institutionen in der Slowakei, in: Osteuropa 50, S. 902-915.

Wallat, Josefine, 1999: Tschechien und Slowakei, in: Weidenfeld, Werner (Hrsg.), Europa-Handbuch, Bonn, S. 233-252.

Weiß, Robert/Heinrich, Manfred, 1991: Der Runde Tisch: Konkursverwalter des „realen" Sozialismus. Analyse und Vergleich des Wirkens Runder Tische in Europa. Berichte des Bundesinstitutes für ostwissenschaftliche und internationale Studien, 4-1991, Köln.

Weyr, Franz, 1922: Der Tschechoslowakische Staat. Seine Entstehung und Verfassung, in: Jahrbuch des öffentlichen Rechts der Gegenwart 11, S. 351-375

Widmaier, Ulrich/Gawrich, Andrea/Becker, Ute, 1999: Regierungssysteme Zentral- und Osteuropas. Ein einführendes Lehrbuch, Opladen.

Wlachovský, Miroslav, 1996: Die doppeldeutige Außenpolitik der Regierung Mečiar (Teil 1 und 2). Bundesinstitut für ostwissenschaftliche und internationale Studien, Aktuelle Analysen, Nr. 65 und 66, Köln.

Wlachovský, Miroslav, 1997: Foreign Policy, in: Bútora, Martin/Hunčík, Péter (Hrsg.), Global Report on Slovakia, Bratislava, S. 33-53.

Wlachovský, Miroslav/Duleba, Alexander/Lukáč, Pavol/Skladony, Thomas W., 1998: The Foreign Policy of the Slovak Republic, in: Bútora, Martin/Skladony, Thomas W. (Hrsg.), Slovakia 1996 – 1997. A Global Report on the State of Society, Bratislava, S. 81-101.

Zimek, Josef, 1996: Ústavní vývoj českého státu (Verfassungsentwicklung des tschechischen Staates), Brno.

Žiak, Miloš, 1996: Slovensko: Od komunizmu kam? (Slowakei: Vom Kommunismus wohin?), Bratislava.

## Wichtige Internet-Adressen

*Tschechische Republik:*

www.epravo.cz

www.integrace.cz

www.mver.cz

www.psp.cz

www.senat.cz

www.soc.cas.cz

www.volby.cz

*Slowakische Republik:*

www.government.gov.sk

www.infovek.sk

www.ivo.sk

www.rferl.org

www.statistics.sk

# 5 Anhang: Verfassungstexte in Auszügen

## 5.1 Verfassung der Tschechischen Republik

Verfassung der Tschechischen Republik
Vom 16. Dezember 1992
*(in der am 1. April 2002 gültigen Fassung)*

**Erstes Kapitel**
*Grundlegende Bestimmungen*

*Art. 1*
Die Tschechische Republik ist ein souveräner, einheitlicher und demokratischer Rechtsstaat, gegründet auf der Achtung der Rechte und Freiheiten des Menschen und des Bürgers.

*Art. 2*
Das Volk ist die Quelle jeglicher Staatsgewalt; es übt sie durch Organe der gesetzgebenden, vollziehenden und rechtsprechenden Gewalt aus.
Ein Verfassungsgesetz kann bestimmen, wann das Volk die Staatsgewalt direkt ausübt.
...

*Art. 3*
Bestandteil der Verfassungsordnung der Tschechischen Republik ist die Charta der Grundrechte und Grundfreiheiten.

*Art. 5*
Das politische System basiert auf der freien und freiwilligen Gründung und dem freien Wettbewerb politischer Parteien, welche die grundlegen-

den demokratischen Prinzipien respektieren und Gewalt als Mittel zur
Durchsetzung ihrer Interessen ablehnen.

*Art. 8*
Die Selbstverwaltung von territorialen Selbstverwaltungseinheiten wird
gewährleistet.

*Art. 10*
Ratifizierte und verkündete internationale Verträge über Menschenrechte
und Grundfreiheiten, an welche die Tschechische Republik gebunden ist,
sind unmittelbar verbindlich und haben vorrang vor dem Gesetz.

**Zweites Kapitel**
*Die gesetzgebende Gewalt*

*Art. 15*
Die gesetzgebende Gewalt in der Tschechischen Republik obliegt dem
Parlament.
Das Parlament wird aus zwei Kammern gebildet, dem Abgeordnetenhaus
und dem Senat.

*Art. 16*
(1) Das Abgeordnetenhaus besteht aus 200 Abgeordneten, die auf vier
Jahre gewählt werden.
(2) Der Senat besteht aus 81 Senatoren, die auf sechs Jahre gewählt werden. Alle zwei Jahre wird ein Drittel der Senatoren gewählt.

*Art. 18*
(1) Die Wahlen zum Abgeordnetenhaus finden nach den Grundsätzen
verhältnismäßiger Vertretung in geheimer Abstimmung auf der Grundlage
des allgemeinen, gleichen und direkten Wahlrechts statt.
(2) Die Wahlen zum Senat finden nach den Grundsätzen des Mehrheits-
prinzips in geheimer Abstimmung auf der Grundlage des allgemeinen,
gleichen und direkten Wahlrechts statt.

(3) Das Recht zu wählen hat jeder Bürger der Tschechischen Republik, der das Alter von 18 Jahren erreicht hat.

*Art. 19*
(1) In das Abgeordnetenhaus kann jeder Bürger der Tschechischen Republik gewählt werden, der das Recht hat zu wählen und das Alter von 21 Jahren erreicht hat.
(2) In den Senat kann jeder Bürger der Tschechischen Republik gewählt werden, der das Recht hat zu wählen und das Alter von 40 Jahren erreicht hat.
(3) ...

*Art. 30*
(1) Zur Untersuchung von Angelegenheiten von öffentlichem Interesse kann das Abgeordnetenhaus eine Untersuchungskommission einsetzen, wenn das von mindestens einem Fünftel der Abgeordneten beantragt wird.
(2) ...

*Art. 31*
(1) Die Kammern richten als ihre Organe Ausschüsse und Kommissionen ein.
(2) ...

*Art. 32*
Ein Abgeordnete oder ein Senator, der Mitglied der Regierung ist, kann nicht Vorsitzender oder stellvertretender Vorsitzender des Abgeordnetenhauses oder des Senats, auch nicht Mitglied von parlamentarischen Ausschüssen, einer Untersuchungskommission oder von Kommissionen sein.

*Art. 33*
(1) Wenn das Abgeordnetenhaus aufgelöst ist, obliegt es dem Senat, Gesetzesmaßnahmen in Angelegenheiten zu beschließen, die keinen Aufschub dulden und sonst die Annahme eines Gesetzes erfordern würden.
(2) Dem Senat obliegt es jedoch nicht, eine Gesetzmaßnahme in Angelegenheiten der Verfassung, des Staatshaushalts, der staatlichen Abschluss-

rechnung, des Wahlgesetzes und von internationalen Verträgen gemäß Art. 10 zu beschließen.

(3) Eine Gesetzesmaßnahme kann nur die Regierung beim Senat beantragen.

(4)...

(5) Eine Gesetzmaßnahme des Senats muss vom Abgeordnetenhaus auf seiner ersten Sitzung gebilligt werden. Wenn das Abgeordnetenhaus sie nicht billigt, verliert sie ihre weitere Gültigkeit.

### Art. 35

(1) Der Präsident der Republik kann das Abgeordnetenhaus auflösen, wenn

das Abgeordnetenhaus einer neu ernannten Regierung, deren Ministerpräsident auf Vorschlag des Präsidenten des Abgeordnetenhauses vom Präsidenten der Republik ernannt wurde, nicht das Vertrauen ausgesprochen hat.

das Abgeordnetenhaus nicht innerhalb von drei Monaten über einen Gesetzentwurf der Regierung beschließt, mit dessen Behandlung die Regierung die Vertrauensfrage verbunden hat.

die Sitzung des Abgeordnetenhauses für längere Zeit unterbrochen wurde, als zulässig ist.

das Abgeordnetenhaus länger als drei Monate nicht beschlussfähig war, obwohl seine Sitzung nicht unterbrochen wurde und obwohl in dem Zeitraum wiederholt eine Sitzung einberufen wurde.

(2) Das Abgeordnetenhaus kann nicht drei Monate vor dem Ende seiner Wahlperiode aufgelöst werden.

### Art. 38

(1) Ein Mitglied der Regierung hat das Recht, an den Sitzungen beider Kammern, ihrer Ausschüsse und Kommissionen, teilzunehmen. Das Wort wird ihm stets erteilt, wenn es darum nachsucht.

(2) Ein Mitglied der Regierung ist verpflichtet persönlich zu einer Sitzung des Abgeordnetenhauses aufgrund seines Beschlusses zu erscheinen...

*Art. 39*

(1) Die Kammern sind beschlussfähig bei Anwesenheit von mindestens einem Drittel ihrer Mitglieder.

(2) Zur Annahme eines Beschlusses einer Kammer ist die Zustimmung der Mehrheit der anwesenden Abgeordneten oder Senatoren notwendig, wenn die Verfassung nichts anderes bestimmt.

(3) ...

(4) Zur Annahme eines Verfassungsgesetzes und zur Billigung eines internationalen Vertrages gemäß Art. 10 ist die Zustimmung einer Mehrheit von drei Fünfteln der anwesenden Senatoren notwendig.

*Art. 41*

(1) Gesetzentwürfe werden im Abgeordnetenhaus eingebracht.

(2) Einen Gesetzentwurf kann ein Abgeordneter, eine Gruppe von Abgeordneten, der Senat, die Regierung oder die Vertretung einer höheren territorialen Selbstverwaltungseinheit einbringen.

*Art. 45*

Ein Gesetzentwurf, dem das Abgeordnetenhaus die Zustimmung gegeben hat, leitet das Abgeordnetenhaus ohne unnötigen Aufschub an den Senat weiter.

*Art.47*

(1) Wenn der Senat einen Gesetzentwurf anlehnt, stimmt das Abgeordnetenhaus darüber erneut ab. Der Gesetzentwurf ist angenommen, wenn er von der Mehrheit aller Abgeordneten gebilligt wird.

(2) Wenn der Senat den Gesetzentwurf an das Abgeordnetenhaus mit Änderungsvorschlägen zurück verweist, stimmt das Abgeordnetenhaus darüber in der vom Senat verabschiedeten Fassung ab. Mit seinem Beschluss ist der Gesetzentwurf angenommen.

(3) Wenn das Abgeordnetenhaus den Gesetzentwurf in der vom Senat angenommenen Fassung nicht billigt, stimmt es erneut über den Gesetzentwurf in der Fassung ab, in welcher er an den Senat überwiesen wurde. Der Gesetzentwurf ist angenommen, wenn er von der Mehrheit aller Abgeordneten gebilligt wird.

(4) Änderungsanträge sind im Abgeordnetenhaus bei der Behandlung eines abgelehnten oder zurück verwiesenen Gesetzentwurfs nicht zulässig.

*Art. 48*
Wenn der Senat den Willen äußert, sich nicht mit einem Gesetzentwurf zu befassen, ist mit diesem Beschluss der Gesetzentwurf angenommen.

*Art. 50*
(1) Der Präsident der Republik hat das Recht, ein angenommenes Gesetz, mit Ausnahme eines Verfassungsgesetzes, binnen 15 Tagen nach der Überweisung an ihn mit einer Begründung zurück zu verweisen.
(2) Über ein zurück verwiesenes Gesetz stimmt das Abgeordnetenhaus erneut ab. Änderungsanträge sind nicht zulässig. Wenn das Abgeordnetenhaus das zurück verwiesene Gesetz mit der Mehrheit aller Abgeordneten bestätigt, wird das Gesetz verkündet. Anderenfalls ist das Gesetz nicht angenommen.

*Art. 53*
(1) Jeder Abgeordnete hat das Recht, an die Regierung oder ihre Mitglieder Anfragen in Angelegenheiten ihrer Zuständigkeit zu richten.
(2) ...

**Drittes Kapitel**
*Die ausführliche Gewalt*
*Der Präsident der Republik*

*Art. 54*
(1) Der Präsident der Republik ist das Staatsoberhaupt.
(2) Den Präsidenten der Republik wählt das Parlament in gemeinsamer Sitzung beider Kammern.
(3) Der Präsident der Republik ist für die Ausführung seines Amtes nicht verantwortlich.

*Art. 55*
Der Präsident der Republik übernimmt das Amt mit der Ablegung des Gelöbnisses. Die Wahlperiode des Präsidenten der Republik beträgt fünf Jahre und beginnt am Tage der Ablegung des Gelöbnisses.

*Art. 57*
(1) Zum Präsidenten der Republik kann ein Bürger gewählt werden, der in den Senat wählbar ist.
(2) Niemand kann mehr als zweimal hinter einander gewählt werden.

*Art. 58*
(1) ...
(2) Zum Präsidenten der Republik ist der Kandidat gewählt, der die Mehrheit der Stimmen aller Abgeordneten und die Mehrheit der Stimmen aller Senatoren bekommen hat.
(3) Bekommt keiner der Kandidaten die Mehrheit der Stimmen aller Abgeordneten und aller Senatoren, findet innerhalb von 14 Tagen ein zweiter Wahlgang statt.
(4) Den zweiten Wahlgang bestreiten der Kandidat, der die höchste Stimmenzahl im Abgeordnetenhaus bekommen hat, und der Kandidat, der die höchste Stimmenzahl im Senat bekommen hat.
(5) ...
(6) Gewählt ist der Kandidat, der die Mehrheit der Stimmen der anwesenden Abgeordneten und die Mehrheit der Stimmen der anwesenden Senatoren bekommen hat.
(7) Wenn der Präsident der Republik auch im zweiten Wahlgang nicht gewählt wurde, findet innerhalb von 14 Tagen ein dritter Wahlgang statt, in welchem derjenige der Kandidaten des zweiten Wahlgangs gewählt ist, der die Mehrheit der Stimmen der anwesenden Abgeordneten und Senatoren bekommen hat.
(8) Wenn der Präsident der Republik auch im dritten Wahlgang nicht gewählt wurde, finden neue Wahlen statt.

*Art. 62*
Der Präsident der Republik
ernennt den Ministerpräsidenten und die weiteren Regierungsmitglieder,

beruft sie ab und nimmt deren Rücktritt entgegen; beruft die Regierung ab und nimmt deren Rücktritt entgegen,

...

löst das Abgeordnetenhaus auf,

(h) hat das Recht, ein angenommenes Gesetz, mit Ausnahme eines Verfassungsgesetzes, an das Parlament zurück zu verweisen,

(i) ...

*Art. 63*
(1)Der Präsident der Republik
(a)  vertritt den Staat nach außen,
(b)  schließt internationale Verträge ab und ratifiziert sie; den Abschluss internationaler Verträge kann er der Regierung oder mit ihrer Zustimmung ihren einzelnen Mitgliedern übertragen,
(c)ist Oberbefehlshaber der Streitkräfte,
(d) ...
(e) schreibt die Wahlen zum Abgeordnetenhaus und zum Senat aus,
(g) ...
(i) ernennt die Richter,
(j) hat das Recht, Amnestie zu gewähren.

(2)  Dem Präsidenten der Republik obliegt zudem die Ausübung von Befugnissen, die nicht ausdrücklich in einem Verfassungsgesetz genannt sind, wenn es durch Gesetz so bestimmt wird.

(3)  Entscheidungen des Präsidenten der Republik gemäß den Absätzen 1 und 2 erfordern zu ihrer Gültigkeit die Gegenzeichnung des Ministerpräsidenten oder eines von ihm beauftragten Regierungsmitglieds.

(4)  Entscheidungen des Präsidenten der Republik, welche die Gegenzeichnung des Ministerpräsidenten oder eines von ihm beauftragten Regierungsmitglieds erfordern, verantwortet die Regierung.

*Art. 64*
Der Präsident der Republik hat das Recht, an den Sitzungen beider Kammern des Parlaments, ihrer Ausschüsse und Kommissionen teilzunehmen. Das Wort wird ihm jederzeit erteilt, wenn er es verlangt.

Der Präsident der Republik hat das Recht, an den Sitzungen der Regierung teilzunehmen, von der Regierung und ihren Mitgliedern Berichte zu verlangen und mit der Regierung oder ihren Mitgliedern Fragen zu erörtern, die in ihrer Zuständigkeit liegen.

*Art. 65*
...
Der Präsident der Republik kann aufgrund einer Anklage des Senats vom Verfassungsgericht wegen Hochverrats verfolgt werden. Die Strafe kann im Verlust des Präsidentenamtes und der Befähigung, es nochmals zu bekleiden, bestehen.
...


**Die Regierung**
*Art. 67*
Die Regierung ist das oberste Organ der ausführenden Gewalt.
Die Regierung besteht aus dem Ministerpräsidenten, den stellvertretenden Ministerpräsidenten und den Ministern.

*Art. 68*
Die Regierung ist dem Abgeordnetenhaus verantwortlich.
Der Präsident der Republik erneut den Ministerpräsidenten und auf dessen Vorschlag die übrigen Mitglieder der Regierung und beauftragt sie mit der Leitung der Ministerien oder anderer Behörden.
Die Regierung tritt binnen 30 Tagen nach ihrer Ernennung vor das Abgeordnetenhaus und stellt die Vertrauensfrage.
Wenn die neu ernannte Regierung im Abgeordnetenhaus nicht das Vertrauen erhält, wird nach den Absätzen 2 und 3 verfahren. Falls auch die so ernannte Regierung nicht das Vertrauen des Abgeordnetenhauses erhält, ernennt der Präsident der Republik den Ministerpräsidenten auf Vorschlag des Vorsitzenden des Abgeordnetenhauses.

Im übrigen ernennt der Präsident der Republik auf Vorschlag des Ministerpräsidenten die weiteren Mitglieder der Regierung, beauftragt sie mit der Leitung der Ministerien oder anderer Behörden, und beruft sie auf dessen Vorschlag ab.

*Art. 71*
Die Regierung kann im Abgeordnetenhaus die Vertrauensfrage stellen.

*Art. 72*
Das Abgeordnetenhaus kann der Regierung das Misstrauen aussprechen.
Der Antrag, der Regierung das Misstrauen auszusprechen, wird vom Abgeordnetenhaus nur dann behandelt, wenn er schriftlich von mindestens 50 Abgeordneten gestellt wurde. Zur Annahme des Antrags ist die Zustimmung der Mehrheit aller Abgeordneten notwendig.

*Art. 78*
Zur Durchführung eines Gesetzes und in seinem Rahmen ist die Regierung befugt, Verordnungen zu erlassen....

*Art. 80*
Die Staatsanwaltschaft vertritt die öffentliche Anklage im Strafverfahren. Sie erledigt auch andere Aufgaben, wenn es das Gesetz so bestimmt.
...


**Viertes Kapitel**
*Die rechtsprechende Gewalt*

*Art. 81*
Die rechtsprechende Gewalt üben im Namen der Republik unabhängige Gerichte aus.

*Art. 82*
Die Richter sind bei der Ausübung ihrer Funktionen unabhängig. Ihre Unparteilichkeit darf niemand gefährden.
...

**Das Verfassungsgericht**
*Art. 83*
Das Verfassungsgericht ist ein Gerichtsorgan zum Schutz der Verfassungsmäßigkeit.

*Art. 84*
Das Verfassungsgericht setzt sich aus 15 Richtern zusammen, die für eine Zeit von zehn Jahren ernannt werden.
Die Richter des Verfassungsgerichts ernennt der Präsident der Republik mit Zustimmung des Senats.
...

*Art. 86*
Die Richter des Verfassungsgerichts können nicht ohne Zustimmung des Senats strafrechtlich verfolgt werden. Verweigert der Senat die Zustimmung, ist die strafrechtliche Verfolgung für immer ausgeschlossen.
...

*Art. 87*
Das Verfassungsgericht entscheidet
über die Aufhebung von Gesetzen oder einzelner ihrer Bestimmungen, wenn sie in Widerspruch zu einem Verfassungsgesetz, einem Gesetz oder einem internationalen Vertrag gemäß Art. 10 stehen,
über die Aufhebung anderer Rechtsvorschriften oder einzelner ihrer Bestimmungen, wenn sie in Widerspruch zu einem Verfassungsgesetz, einem Gesetz oder einem internationalen Vertrag gemäß Art. 10 stehen,
über Verfassungsbeschwerden von Organen der territorialen Selbstverwaltung gegen rechtswidrige Eingriffe des Staates,
über Verfassungsbeschwerden gegen rechtskräftige Entscheidungen und andere Eingriffe von Organen der öffentlichen Gewalt wegen verfassungsrechtlich gewährleistete Grundrechte und Grundfreiheiten,
...
...

Art. 89

..

Vollziehbare Entscheidungen des Verfassungsgerichts sind für alle Organe und Personen verbindlich.

## Die Gerichte

*Art. 90*
Die Gerichte sind vornehmlich dazu berufen, in der gesetzlich bestimmten Form Rechtsschutz zu gewähren. Nur ein Gericht entscheidet über Schuld und sTrafe für strafbares Handeln.

*Art. 91*
Das Oberste Gericht, das Oberste Verwaltungsgericht, Ober-, Bezirks- und Kreisgerichte bilden das Gerichtssystem....
Zuständigkeit und Organisation der Gerichte wird durch Gesetz bestimmt.

*Art. 93*
Ein Richter wird vom Präsidenten der Republik ohne zeitliche Begrenzung in sein Amt berufen. Er übernimmt sein Amt mit der Ablegung des Gelöbnisses.
...

*Art. 95*
...
Kommt ein Gericht zu dem Schluss, dass ein Gesetz, welches entscheidungserheblich ist, in Widerspruch zu einem Verfassungsgesetz steht, legt es die Angelegenheit dem Verfassungsgericht vor.

## Siebentes Kapitel
*Die territoriale Selbstverwaltung*

Art. 99
Die Tschechische Republik gliedert sich in Gemeinden, welche die

Grundeinheiten der territorialen Selbstverwaltung sind, und in Bezirke, welche die höheren Einheiten der territorialen Selbstverwaltung bilden.

*Art. 100*
Die territorialen Selbstverwaltungseinheiten stellen territoriale Gemeinschaften der Bürger dar, die das Recht zur Selbstverwaltung haben. Durch Gesetz wird bestimmt, inwieweit sie Einheiten der staatlichen Verwaltung sind.
Einen Gemeinde ist immer Bestandteil einer höheren territorialen Selbstverwaltungseinheit.
...

*Art. 101* .
Eine Gemeinde wird durch eine Vertretung selbständig verwaltet.
Eine höhere territoriale Selbstverwaltungseinheit wird durch eine Vertretung selbständig verwaltet.
Territoriale Selbstverwaltungseinheiten sind öffentlich-rechtliche Körperschaften, die über Eigentum verfügen können und mit einem eigenen Haushalt wirtschaften.
Der Staat kann in den Wirkungskreis der territorialen Selbstverwaltungseinheiten dann eingreifen, wenn es der Schutz des Gesetzes erfordert, und das nur in der gesetzlich festgelegten Weise.

*Art. 102*
Die Mitglieder der Vertretungen werden in geheimer Abstimmung auf der Grundlage des allgemeinen, gleichen und direkten Wahlrechts gewählt.
Die Wahlzeit einer Vertretung beträgt vier Jahre. Durch Gesetz wird bestimmt, unter welchen Voraussetzungen die Neuwahl einer Vertretung vor Ablauf ihrer Wahlzeit ausgeschrieben wird.

*Art. 104*
Die Tätigkeit der Vertretungen kann nur durch Gesetz geregelt werden.
Die Vertretung einer Gemeinde entscheidet in Angelegenheiten der Selbstverwaltung, soweit diese nicht durch Gesetz der Vertretung einer höheren territorialen Selbstverwaltungseinheit übertragen sind.
...

*Art. 105*

Die Ausübung staatlicher Verwaltung kann den Organen der Selbstverwaltung nur auf Grundlage eines Gesetzes übertragen werden.

## 5.2 Verfassung der Slowakischen Republik

Verfassung der Slowakischen Republik
vom 16. September 1992
(in der am 1. April 2002 gültigen Fassung)

**Erstes Kapitel**
**Erster Teil**
*Grundlegende Bestimmungen*

*Art. 1*
(1) Die Slowakische Republik ist ein souveräner, demokratischer Rechtsstaat. Er ist an keine Ideologie oder Religion gebunden.
(2) Die slowakische Republik anerkennt die allgemeinen Regeln des Völkerrechts, die internationalen Vereinbarungen, durch sie gebunden ist, sowie ihre weiteren internationalen Verpflichtungen und hält sie ein.

*Art. 2*
(1) Die Staatsgewalt geht von den Bürgern aus, die sie durch ihre gewählten Vertreter oder unmittelbar ausüben.
(2) Die Staatsorgane können nur auf Grundlage der Verfassung tätig werden, in ihrem Rahmen und in einem gesetzlich festgelegten Umfang und Verfahren.
(3) Jeder kann tun, was nicht durch Gesetz verboten ist, und niemand kann gezwungen werden, etwas zu tun, was das Gesetz nicht vorschreibt.

*Art. 6*
(1) Auf dem Gebiet der Slowakischen Republik ist die slowakische Sprache die Staatssprache.
(2) Den Gebrauch anderer Sprachen als die Staatssprache im Behördenverkehr regelt das Gesetz.

**Art. 7**

(1) Die Slowakische Republik kann auf der Grundlage freier Entscheidung in einen Staatsverband mit anderen Staaten eintreten. Über den Eintritt in einen Staatsverband mit anderen Staaten oder über den Austritt aus einem solchen verband wird durch ein Verfassungsgesetz entschieden, das durch ein Referendum bestätigt wird.

(2) Die Slowakische Republik kann durch internationalen Vertrag, der ratifiziert und in der gesetzlich vorgeschriebenen Form verkündet wurde, oder auf der Grundlage eines solchen Vertrages die Ausübung von Teilen ihrer Befugnisse auf die Europäischen Gemeinschaften und die Europäische Union haben Vorrang vor den Gesetzen der Slowakischen Republik...

(3) Die Slowakische Republik kann sich mit dem Ziel, Frieden, Sicherheit und die demokratische Ordnung zu gewährleisten, unter den durch internationale Vereinbarung festgelegten Bedingungen einer Organisation der gegenseitigen kollektiven Sicherheit anschließen.

(4) ...

**Viertes Kapitel**
*Die territoriale Selbstverwaltung*

*Art. 64*

Grundlage der territorialen Selbstverwaltung ist die Gemeinde. Die territoriale Selbstverwaltung wird von der Gemeinde und der höheren Gebietseinheit getragen.

*Art. 64a*

Die Gemeinde und die höhere Gebietseinheit sind selbständige territoriale Selbstverwaltungs- und Verwaltungseinheiten der Slowakischen Republik, die jene Personen vereinigen, die auf ihrem Gebiet den ständigen Wohnsitz haben. Die Einzelheiten regelt ein Gesetz.

*Art. 65*

(1) Die Gemeinde und die höhere Gebietseinheit sind juristische Personen, die unter den gesetzlich bestimmten Bedingungen mit eigenem Ver-

mögen und ihren finanziellen Mitteln eigenständig wirtschaften.
(2) ...

*Art. 67*
(1) die territoriale Selbstverwaltung wird ausgeübt auf Bürgerversammlungen der Gemeinde, durch örtliches Referendum, durch Referendum auf dem Gebiet einer höheren Gebietseinheit, durch die Gemeindeorgane oder die Organe der höheren Gebietseinheit. Das Verfahren zur Durchführung eines örtlichen Referendums oder eines Referendums auf dem Gebiet einer höheren Gebietseinheit bestimmt ein Gesetz.
(2) ...

*Art. 69*
(1) Organe der Gemeinde sind
(a) die Gemeindevertretung,
(b) der Bürgermeister der Gemeinde.

(2) ...
(4) Organe der höheren Gebietseinheit sind
(c) die Vertretung der höheren Gebietseinheit
(d) der Vorsitzende der höheren Gebietseinheit.
(5) ...

*Art. 71*
(1) Auf die Gemeinde und die höhere Gebietseinheit kann durch Gesetz die Ausführung bestimmter Aufgaben der örtlichen Staatsverwaltung übertragen werden. Die Kosten der übertragenen Ausführung staatlicher Verwaltung trägt der Staat.
(2) ...

**Fünftes Kapitel**
*Die gesetzgebende Gewalt*
**Erster Teil**
*Der Nationalrat der Slowakischen Republik*

*Art. 72*
Der Nationalrat der Slowakischen Republik ist das alleinige verfassungsgebende und gesetzgebende Organ der Slowakischen Republik.

*Art. 73*
(1) Der Nationalrat der Slowakischen Republik hat 150 Abgeordnete, die auf vier Jahre gewählt werden.
(2) Die Abgeordneten sind Vertreter der Bürger. Sie üben das Mandat persönlich nach ihrem Gewissen und ihrer Überzeugung aus und sind nicht an Weisungen gebunden.

*Art. 80*
(1) Ein Abgeordneter kann Anfragen richten an die Regierung der Slowakischen Republik, ein Mitglied der Regierung der Slowakischen Republik oder den Leiter eines anderen Zentralorgans der staatlichen Verwaltung in Angelegenheiten ihrer Zuständigkeit. Der Abgeordnete muss innerhalb von 30 Tagen eine Antwort erhalten.
(2) Über die Antwort auf die Anfrage findet im Nationalrat der Slowakischen Republik eine Aussprache statt, die mit der Vertrauensabstimmung verbunden werden kann.

*Art. 84*
(1) Der Nationalrat der Slowakischen Republik ist beschlussfähig, wenn die Mehrheit aller Abgeordneten anwesend ist.
(2) Für einen gültigen Beschluss des Nationalrats der Slowakischen Republik ist die Zustimmung der Mehrheit der anwesenden Abgeordneten notwendig, wenn die Verfassung nichts anderes bestimmt.
(3) ... für die Annahme eines vom Präsidenten der Slowakischen Republik gemäß Art. 102 Buchstabe o) zurückverwiesenen Gesetzes ist die Zustimmung der Mehrheit aller Abgeordneten notwendig.

(4) Für die Annahme der Verfassung, die Änderung der Verfassung, die Annahme eines Verfassungsgesetzes, ... die Annahme eines Beschlusses über eine Volksabstimmung zur Abberufung des Präsidenten der Slowakischen Republik ... ist die Zustimmung von mindestens drei Fünfteln aller Abgeordneten notwendig.

### Art. 85

Auf Verlagen des Nationalrats der Slowakischen Republik bzw. eines seiner Organe muss ein Mitglied der Regierung der Slowakischen Republik oder der Leiter eines anderen Organs der staatlichen Verwaltung an seiner Sitzung bzw. der Sitzung des Organs teilnehmen.

### Art. 86

In die Zuständigkeit des Nationalrats der Slowakischen Republik fällt insbesondere:

(a) über die Verfassung, über Verfassungsgesetze und andere Gesetze zu beschließen und ihre Einhaltung zu kontrollieren,

(b) durch Verfassungsgesetz einen Vertrag über den Eintritt der Slowakischen Republik in einen Staatenverband mit anderen Staaten zu billigen und über die Kündigung eines solchen Vertrages zu entscheiden,

(c) über den Antrag auf Durchführung eines Referendums zu entscheiden,

(d) ...

(f) über die programmatische Erklärung der Regierung der Slowakischen Republik zu beraten, die Tätigkeit der Regierung zu kontrollieren und über das Vertrauen zur Regierung oder zu ihren Mitgliedern zu beraten,

(g) den Staatshaushalt zu verabschieden, seine Einhaltung zu kontrollieren und die staatliche Abschlussrechung zu billigen,

(h) über grundlegende Fragen der Innen-, internationalen, Wirtschafts-, Sozial- und sonstigen Politik zu beraten,

(i) ...

### Art. 87

(1) Einen Gesetzentwurf können die Ausschüsse des Nationalrats der Slowakischen Republik, die Abgeordneten und die Regierung der Slowakischen Republik einbringen.

(2) ...

*Art. 88*

(1) Einen Antrag, der Regierung der Slowakischen Republik oder einem ihrer Mitglieder das Misstrauen auszusprechen, behandelt der Nationalrat der Slowakischen Republik dann, wenn dies mindestens ein Fünftel der Abgeordneten verlangt.

(2) Um der Regierung der Slowakischen Republik oder einem ihrer Mitglieder das Misstrauen auszusprechen, bedarf es der Zustimmung der Mehrheit aller Abgeordneten.

**Zweiter Teil**
*Das Referendum*

*Art. 93*

(1) Durch Referendum wird ein Verfassungsgesetz über den Beitritt zu einem Staatsverbund mit anderen Staaten oder über den Austritt aus diesem Verbund bestätigt.

(2) Durch Referendum kann auch über andere wichtige Fragen von öffentlichem Interesse entschieden werden.

(3) Gegenstand eines Referendums können nicht die Grundrechte und Grundfreiheiten, Steuern, Abgaben und der Staatshaushalt sein.

*Art. 95*

(1) Der Präsident der Slowakischen Republik schreibt ein Referendum aus, wenn das von mindestens 350.000 Bürgern durch eine Petition verlangt oder vom Nationalrat der Slowakischen Republik beschlossen wird,....

(2) ...

**Sechstes Kapitel**
*Die ausführende Gewalt*
**Erster Teil**
*Der Präsident der Slowakischen Republik*

Art. 101

(1) Oberhaupt der Slowakischen Republik ist der Präsident. Der Präsident

repräsentiert die Slowakische Republik nach außen und innen. Er sichert mit seiner Entscheidung die ordnungsgemäße Funktionsweise der Verfassungsorgane. Der Präsident übt sein Amt nach seinem Gewissen und seiner Überzeugung aus und ist nicht an Weisungen gebunden.

(2) Den Präsidenten wählen die Bürger der Slowakischen Republik in direkter Wahl und geheimer Abstimmung auf fünf Jahre ...

(3) ...

*Art 102*
(1) Der Präsident
(a) Vertritt die Slowakische Republik nach außen, vereinbart und ratifiziert internationale Verträge ...
(e) kann den Nationalrat der Slowakischen Republik auflösen, wenn der Nationalrat der Slowakischen binnen einer Frist von sechs Monaten seit der Ernennung einer Regierung der Slowakischen Republik deren programmatische Erklärung nicht gebilligt hat, wenn der Nationalrat der Slowakischen Republik nicht binnen drei Monaten über einen Gesetzentwurf der Regierung entschieden hat, mit dem die Regierung der Slowakischen Republik die Vertrauensfrage verbunden hat, wenn der Nationalrat der Slowakischen Republik länger als drei Monate nicht beschlussfähig war, obwohl seine Tagung nicht unterbrochen und er in dieser Zeit wiederholt zur Sitzung einberufen worden ist, oder wenn die Tagung des Nationalrats der Slowakischen Republik für längere Zeit unterbrochen war, als es die Verfassung zulässt... Der Präsident löst den Nationalrat der Slowakischen Republik auf, wenn eine Volksabstimmung über die Abberufung des Präsidenten nicht erfolgreich war.
(n) schreibt ein Referendum aus,
(o) kann an den Nationalrat der Slowakischen Republik ein Gesetz mit Bemerkungen zurück verweisen, das innerhalb von 15 Tagen seit der Zustellung des verabschiedeten Gesetzes
(p) ...

*Art. 106*
(1) Der Präsident kann vor dem Ende der Wahlperiode durch Volksabstimmung aus dem Amt abberufen werden. Die Volksabstimmung über die Abberufung des Präsidenten schreibt der Vorsitzende des Nationalrats

der Slowakischen Republik auf der Grundlage eines Beschlusses des Nationalrats der Slowakischen Republik aus, der mit einer Mehrheit von
mindestens drei Fünfteln aller Abgeordneten des Nationalrats der Slowakischen Republik angenommen wurde ...
(2) Der Präsident ist abberufen, wenn in der Volksabstimmung die Mehrheit aller Wahlberechtigten für seine Abberufung gestimmt hat.
(3) ...

**Zweiter Teil**
*Die Regierung der Slowakischen Republik*

*Art. 108*
Die Regierung der Slowakischen Republik ist das oberste Organ der ausführenden Gewalt.

*Art. 109*
(1) Die Regierung setzt sich aus dem Ministerpräsidenten, seinen Stellvertretern und den Ministern zusammen.
(2) ...

*Art. 110*
(1) Der Präsident der Slowakischen Republik ernennt den Ministerpräsidenten und beruft ihn ab.
(3) ...

*Art. 111*
Auf Vorschlag des Ministerpräsidenten beruft der Präsident der Republik
die weiteren Mitglieder der Regierung, denen er die Leitung der Ministerien überträgt, und beruft sie ab ...

*Art. 113*
Die Regierung ist verpflichtet, innerhalb von 30 Tagen nach ihrer Ernennung vor den Nationalrat der Slowakischen Republik zu treten, ihm das
Regierungsprogramm vorzulegen und ihn zur Vertrauenserklärung aufzu-
fordern.

*Art. 114*

(1) Die Regierung ist für die Ausübung ihrer Funktion dem Nationalrat der Slowakischen Republik verantwortlich. Der Nationalrat der Slowakischen Republik kann ihr jederzeit das Misstrauen aussprechen.

(2) Die Regierung kann den Nationalrat der Slowakischen Republik jederzeit zur Vertrauenserklärung auffordern.

(3) Die Regierung kann die Abstimmung über die Annahme eines Gesetzes oder die Abstimmung in einer anderen Angelegenheit mit der Abstimmung über das Vertrauen verbinden.

*Art. 115*

(1) Wenn der Nationalrat der Slowakischen Republik der Regierung das Misstrauen ausspricht oder wenn er ihren Antrag, das Vertrauen auszusprechen, ablehnt, beruft der Präsident der Slowakischen Republik die Regierung ab.

(3) ...

*Art. 116*

(1) ...

(3) Der Nationalrat der Slowakischen Re publik kann auch einem einzelnen Regierungsmitglied das Misstrauen aussprechen; in diesem fall beruft der Präsident der Slowakischen Republik das Regierungsmitglied ab.

(4) Den Antrag auf Abberufung eines Regierungsmitglieds kann auch der Ministerpräsident beim Präsidenten der Slowakischen Republik einreichen.

(5) Wenn der Nationalrat der Slowakischen Republik dem Ministerpräsidenten das Misstrauen ausspricht, beruft ihn der Präsident der Slowakischen Republik ab. Die Abberufung des Ministerpräsidenten hat den Rücktritt der Regierung zur Folge.

(7) ...

**Siebtes Kapitel**
*Die richterliche Gewalt*
**Erster Teil**

*Art 124*
Das Verfassungsgericht der Slowakischen Republik ist ein unabhängiges
Gerichtsorgan zum Schutz der Verfassungsmäßigkeit.

*Art. 125*
(1) Das Verfassungsgericht entscheidet über die Vereinbarkeit
(a) Von Gesetzen mit der Verfassung, mit Verfassungsgesetzen und mit
internationalen Verträgen, denen der Nationalrat der Slowakischen Republik zugestimmt hat und die ratifiziert sowie in der gesetzlich vorgeschriebenen Form verkündet wurden,
(b) Von Regierungsverordnungen, allgemein verbindlichen Rechtsvorschriften der Ministerien und anderer Zentralorgane der staatlichen Verwaltung mit der Verfassung, den Verfassungsgesetzen,...und den Gesetzen,
(c) ...
(d) von allgemein verbindlichen Rechtsvorschriften der örtlichen Organe
der Staatsverwaltung und von allgemein verbindlichen Verordnungen der
Organe der territorialen Selbstverwaltung ... mit der Verfassung, den Verfassungsgesetzen, ... mit den Gesetzen, mit Regierungsverordnungen und
mit allgemein verbindlichen Rechtsvorschriften der Ministerien und anderer Zentralorgane der staatlichen Verwaltung, wenn darüber nicht ein anderes Gericht entscheidet.
(2) ...

*Art. 126*
Das Verfassungsgericht entscheidet über Kompetenzstreitigkeiten zwischen den zentralen Organen der Staatsverwaltung, wenn nicht durch Gesetz bestimmt ist, dass diese Streitigkeiten von einem anderen Staatsorgan
entschieden werden.

*Art. 127*
(1) Das Verfassungsgericht entscheidet über Beschwerden natürlicher Personen und juristischer Personen wegen der Verletzung ihrer Grundrechte oder Freiheiten oder Menschenrechte und Grundfreiheiten, die sich aus einem internationalen Vertrag ergeben, der von der Slowakischen Republik ratifiziert und in der gesetzlich vorgeschriebenen Form verkündet wurde, wenn über den Schutz dieser Rechte und Freiheiten nicht ein anderes Gericht entscheidet.
(3) ...

*Art. 127a*
(1) Das Verfassungsgericht entscheidet über Beschwerden der Organe der territorialen Selbstverwaltung gegen eine verfassungswidrige oder gesetzwidrige Anordnung oder einen anderen verfassungswidrigen oder gesetzwidrigen Eingriff in die Angelegenheiten der territorialen Selbstverwaltung, wenn darüber nicht ein anderes Gericht entscheidet.
(3) ...

*Art. 128*
Das Verfassungsgericht legt im Streitfalle die Verfassung oder ein Verfassungsgesetz aus ... Die Auslegung ist allgemein verbindlich vom Tage ihrer Verkündung an.

**Zweiter Teil**
*Die Gerichte der Slowakischen Republik*

*Art. 141*
(1) In der Slowakischen Republik üben die Gerichtsbarkeit unabhängige und unparteiische Gerichte aus.
(2) Die Gerichtsbarkeit wird in allen Instanzen getrennt von den anderen Staatsorganen ausgeübt.

*Art. 142*
(1) Die Gerichte entscheiden in bürgerlich-rechtlichen und strafrechtlichen Angelegenheiten; die Gerichte überprüfen auch die Gesetzmäßigkeit

der Entscheidungen von Organen der öffentlichen Verwaltung und die
Gesetzmäßigkeit der Entscheidungen, Maßnahmen oder anderen Eingriffen von Organen der öffentlichen Gewalt, wenn ein Gesetz das bestimmt.
(3) ...

*Art. 145a*
(1) Wenn ein ernannter Richter Mitglied einer politischen Partei oder
einer politischen Bewegung ist, ist er verpflichtet, seine Mitgliedschaft
darin noch vor Ablegung des Gelöbnisses aufzugeben.
(2) ...

*Art. 149*
Die Staatsanwaltschaft der Slowakischen Republik schützt die Rechte und
die gesetzlich geschützten Interessen der natürlichen Personen und der
juristischen Personen und des Staates.